농민에게 기본소득을

# 농민에게 기본소득을

{ 사람과 자연을 살리는 사회적 농부를 위하여 }

정기석 지음

삶창

# 농민에게 기본소득을

# 농업이 살아야 모두가 산다

## 기본소득은 농민 먼저

"도대체 왜, 농민에게 기본소득을 줘야 하나?"

주변에서 잘 이해가 안 된다고 물어보는 사람들이 적지 않다. 이런 질문을 받을 때마다 난감해지고 당혹스러워진다. 때로 4차 산업혁명을 맹신하는 신자유주의자들의 악의적인 시비나 논쟁에 엮인 느낌이 들 때는 고역처럼도 느껴진다.

하지만 대답은 의외로 간단하다. 전혀 복잡하거나 어렵게 생각할 필요가 없는 문제다. 농민이 농사를 지어서 먹고살 수 없기 때문이다. 그러니까 농업을 직업으로 삼고 있는 농민은 현재 농업소득만으로 가족을 먹여 살리기 어렵다. 농민이 농촌에서 먹고살 수 없다면 어찌 되겠는가. 폐농, 이농으로 인해 생업이 막장으로 내몰리게 된다. 결국 도시빈민으로 전락해 사회적 문제가 된다. 결과적으로 농민의 이농이나 폐농은 농촌만의 문제가 아니라 도시의 문제, 국가의 문제로 확대된다. 70~80년대 질풍노도의 공업화, 도시화 시기를 거치면서 1000만 명의 생활난민이 몰려 살고 있는 수도 서울, 국민의 절반 이상이 몰려 사는 말기적 구조악의 현실을 직시할 필요가 있다.

**농민 기본소득은 도시빈민 방지책이자 국가 균형 발전 정책**

"아니, 농사를 지어서 먹고살기 어렵다고? 그렇다면 굳이 농민이 농사를 계속 짓는 이유가 뭐야? 다른 살길을 찾아야 하는 것 아닌가?"

농민의 처지나 심정을 도저히 알 길 없는 일반적인 도시민이나 평균적인 노동자들의 몰이해와 궁금증은 끊이지 않는다. 그 대답도 역시 단순 명쾌하다. 모든 사람은 안 먹으면 죽으니까. 그래서 국민의 생명과 생존을 보장하는 먹을거리를 생산하는 농민의 공익적 소임, 사회적 책무는 결코 게을리하거나 포기할 수 있는 게 아니니까. 나아가 국가의 식량 기지,

인류의 생명 창고로서의 농촌을 농민들이 등지고 떠나면 안 되니까. 농민이 지키는 식량 주권이야말로 자주적인 국가의 주권과 국민의 생명권을 보증하고 담보하고 있으니까. 그런데 농민이 아닌 상업적인 기업이나 사익만을 추구하는 상인이 경쟁적으로 농사를 지으면 그건 농업이 아니라 공업이고, 상업이고, 서비스업으로 변질돼버리니까. 자본을 추구하는 물욕이야말로 농업을, 농촌을 망치는 원인이니까.

"그런데 왜, 농민에게만 주어야 하나? 도시 노동자, 도시 빈민도 먹고살기 어렵기는 마찬가지인데?" 때로 농민 기본소득에 대한 의구심은 이렇게 증폭되기도 한다. 기다리던 좋은 질문이다. 그럴 줄 알고 이미 충분히 준비된 답이 있다. 인간적으로 안타깝지만, 도시민에게는 주지 않는 게 좋겠다. 농촌을 떠나 도시의 빈민으로 전락한 사람들은 이제 농촌으로, 지역으로 하방해야 할 때가 되었다. 어서 고향으로, 지역의 제자리를 찾아 돌아가야 한다. 농촌에 내려가서 농민이 되면 기본소득의 정상적인 수혜자가 될 수 있다. 그렇다면 농민 기본소득은 도시민으로 하여금 그동안 망설였던 그리운 귀향, 자발적 하방의 불안감과 공포를 해소해주는 절묘한 약효를 발휘하게 되는 것이다.

결국 농민 기본소득 제도의 진실은 오로지 농민을 편향적으로 우대하려는 게 아니다. 도시민을 역차별하자는 것도 아니다. 농업이나 농촌 지역에 특혜를 주려는 건 더더욱 아니다. 농민과 도시민이, 생산자와 소비자가 상생하자는 것이다. 결과적으로 과밀한 도시 인구를 과소한 지역으로 분산, 재배치하여 국토의 균형 발전을 촉진하고 견인하는 전향적 투자 지원 정책으로 얼마든지 기능할 수 있는 것이다. 기본소득과 같은 효과를 발휘하는 독일 등 유럽연합[EU]의 농가직불금도 결국 농민의 이농으로 인한 도시 빈민화, 도시 과밀화를 차단하는 데 결정적으로 기여하고 있다. 국민의 2%가 농민이지만 60%가 농촌에 사는 독일의 농업직접지불금(직불금) 제도는, 국토의 균형 발전과 지역의 분권 자치를 위한 합리적 정책에 다름 아닌 것이다.

**국민의 생명을 지키는 농민의 헌신과 희생을 보상해야**

"그런데 과연 농민 기본소득이 농정의 문제를 푸는 만능열쇠, 만병통치약일까?"

그래도 농민 기본소득제에 대한 불안과 의문은 여전히 해소되지 않는다. 솔직히 말하자면 그렇지 않다. 만일 그렇게 얘기하는 정책가나 정치인이 있다면 무지하거나 틀림없는 사기꾼이다. 기본소득만으로는 당연히 농민의 민생고, 농정의 실타래를 풀 수는 없다. 기본소득과 더불어, 마땅히 무상교육, 무상의료, 안정 고용, 사회 주거 등의 기본적 사회복지 서비스가 병행되어야 한다. 법, 정책, 제도 이전에 사회안전망 social safety net이라는 울타리와 비빌 언덕이 강고하게 구축되어야 한다.

그래야 신뢰, 협동, 연대, 네트워크 등의 사회적 자본social capital이 비로소 농촌의 마을공동체에 두텁게 축적될 수 있다. 비로소 그 토대 위에서 농민 기본소득제 같은 법, 정책, 제도 등이 민주적이고 합리적으로 정상 작동할 수 있다. 아무리 국회와 정부에서 법과 정책을 양산해도 농촌에서 농민들이 수혜 효과를 체감할 수 없는 이유가 바로 이 지점에 있다. 한국에서는 사회안전망의 울타리와 사회적 자본의 토대가 너무도 부실하거나 부재하기 때문에 아무리 법, 정책, 제도를 양산해도 농민의 농촌 생활공동체 현장에서 제대로 기능하지 않는다.

"그럼 도대체 돈을 얼마나, 어떻게 줘야 기대 효과를 얻을 수 있나?"

이 질문에 대한 답이 농민 기본소득을 충분히 이해하도록 돕는 설명이 될 것이다. 수백만 명의 농민 또는 농촌 주민에게 일괄적으로 지급하자면 수조 원 이상의 천문학적 예산이 소요되리라는 걱정을 하는 이들이 많다. 그 예산이 결국 자기가 내는 세금이라 남의 일이 아닌 이해관계자로서의 관심과 우려인 것이다. 너무 걱정하지 않아도 된다. 돈은 얼마든지 있다. 또는 필요한 만큼 재원은 얼마든지 마련할 수 있다. 돈의 공급량이나 기술적인 집행 방법이 중요하거나 어려운 문제는 아니라는 말이다.

기본소득의 실행 가능 여부는 재원 조달 방법에 달려 있다기보다, 법의 제정과 예산 집행의 결정권을 가진 국가와 정부의 실천 의지와 결단에 좌우된다고 믿는다. 무엇보다 돈을 많이 주고 적게 주고의 문제가 중요하지 않다고 확신한다. 한번 상상해보라. 매달 정부로부터 기본소득이라는 월급을 받는 농민의 생활상을. 한 달에 10만 원을 받든, 100만 원을 받든 '국가와 정부가 책임져주는 농민'들은 이전과 다른 놀라운 의식과 태도의 변화를 경험하게 될 것이다.

우선 이런 기대가 생긴다. "국가와 정부와 사회가 드디어 농민을, 국민과 동등하게 챙기고 책임지고 있구나" 하는 안도감, 신뢰감이 생길 것이다. 농업직불금으로 생활을 지켜주는 정부와 국민에 대해 감사한 마음으로 사회적 책무를 다하는 독일 농부들의 모습을 보라. 농민 기본소득의 직접적인 효과는 일단 이 정도면 되지 않겠는가.

## 농업은 기업의 경제학이 아닌 국가의 사회학으로

그렇다. 지금 다른 방법이 없다. 농민 기본소득 말고 '농업의 종말', '농촌의 사멸'이 초래할 대재앙을 멈출 방법은. 오늘날 우리 농업과 농민은 나라 밖에서 초국적 곡물 메이저 회사를 앞세운 열강의 무차별적 자유무역협정으로 인해 직격탄을 맞아 휘청거리고 있다. 안으로는 늙고 병들고 가난한 농민들이 그동안 이명박 정부의 기만적 농업 선진화 방안, 박근혜 정부의 허구적인 창조 농업 등 농정 당국의 농업 생산력과 부가가치 제고, 국제경쟁력 창출 같은 선동에 시달렸다.

1960년대 제3공화국의 농업기본법 이래 60년 가까이 살농정책을 고수하고 있는 한국 농정 당국의 핵심 미션은 '기업화, 산업화, 규모화'였다. 농업 선진화, 농촌지역 개발, 6차산업, 정보통신기술$^{ICT}$ 융복합농업, 스마트농업 등 현란한 농정 구호에서 그 일관된 방침과 의지를 확인할 수 있다. 신자유주의 글로벌경제 시대에 규모화, 집단화, 공업화를 통해 국제 경쟁력을 확보해야 한다는 논리다. 하지만 그런 국제적 시장 질서까지 고려해 수립한 거시 농정의 특혜를 받을 만한 농민이나 농업 법인은 극소수에 지나지 않는다.

2016년 말 기준으로 106만 호 정도 잔존한 우리 농가의 평균 농지 보유 면적은 1.56ha에 불과하다. 그나마 1ha 미만인 농가는 전체 농가의 65%가 넘는다. 평균 농업소득은 1006만 8000원이다. 그나마 농업소득 1000만 원도 안 되는 농가가 역시 65%, 70만 가구에 달한다. 농가 인구의 40%가 65세 이상의 노인이다. 그러니까 한국 농부의 표준형은 1.5ha의 농지에서 농사를 지어 한 해에 1000만 원을 버는 영세 고령농의 처지인 것이다. 한마디로 한국의 소농이란 농사만 정직하게 지어서는 도저히 먹고살 수 없는 사회 취약계층의 표본 집단에 다름 아니다.

이런 열악한 소농의 생활 현장에서 '돈 벌어 부자되는 농업'이나 '고부가가치 고소득 첨단농업' 같은 농업경제학의 전략과 방식은 대다수 한국 농민들에게 궤변이나 거짓말로 오인받기 십상이다. 소농, 가족농, 고령농이 지배하는 생계형 농업 구조라는 한국 농업의 현실에 기업농 중심의 상업농은 어불성설인 것이다.

그렇다고 농업은 포기할 수 있는 게 아니다. 포기해서도 안 된다. 국가의 기간산업이고 생명산업이기 때문이다. 국가의 자주권, 국민의 생존권이 다 농업에, 농민의 손에 달려 있다. 시쳇말로 휴대전화와 자동차를 조리해서 먹고살 수는 없는 노릇이다. 설사 휴대전화와 자동차를 아무리 많이 내다 팔아도 초국적 곡물 메이저 회사와 초국적 자본, 열강이 식량과 먹을거리를 이익이 적거나 남지 않는다고 팔지 않는다면 생

존할 수 없기 때문이다. 온 국민이 식량 주권을 상실한 약소
국의 무력감과 모멸감 속에서 아사자가 속출하지 않는다고
단언할 수 없다.


## 국민의 세금으로 월급 주는 공익농민

그래서 농업은 국가 기간산업으로서 제자리를 찾아야 한
다. 교통, 에너지, 보건의료, 교육, 주택 등처럼 국가 경제의
사활에 영향을 끼치는 산업이 농업이다. 따라서 농지, 생산 기
반 시설, 농기업 등 농업 인프라를 국유화·공유화할 이유는
충분하다. 오로지 기업농이든, 중소농이든 무한 경쟁의 민간
시장에 농업의 운명을 떠맡기는 건 무책임하고 위험하다는
경고와 교훈도 이미 주변에 차고 넘친다. 국가 기간산업인 농
업을 살리자면 당연히 국가와 정부가 나서야 한다.

가령 '국가 기간산업인 농업에 복무하며 식량 주권을 지키
는 농민에 대해 준準 공무원 대우를 하고 월급을 지급하는 일
종의 국가책임 공익농민 제도'를 도입하자는 진보적 제안은
충분히 합리적이다. 이를 통해 농업과 농민의 사회적 지위 향
상, 신규 농업 인력 유입, 소득 안정 등의 정책적 효과를 거둘
수 있기 때문이다. 무엇보다 농업의 생태적이고 공동체적인

다원적 가치는 사회 공익 행위로 존중되고 대접받아야 마땅하기 때문이다.

"자본주의적 농업에 있어 진보는 모두 노동자로부터 약탈하는 것이 아니라 토양으로부터도 약탈하는 방식으로 진행한다"며 가라타니 고진柄谷行人은 '자본주의적 농업'을 극복하는 '합리적인 농업'의 길을 제시하고 있다. 또 "자본주의 체제는 합리적 농업과는 역방향으로 진행되는 것이고, 합리적 농업은 자본주의 체제와는 양립 불가능(설령 자본주의 체제가 농업에 있어서 기술 발전을 촉진시켰다고 해도)하다"며 "합리적인 농업에 필요한 것은 자기 자신을 위해 밭을 경작하는 소규모 농민 또는 연합한 생산자들을 관리해가는 것"이라고 역저『세계공화국으로世界共和國へ』(2006)를 통해 적시하고 있다.

그래서 오늘날 나라 안팎으로 기본소득 논의와 운동이 활발하다. 특히 2016년에 스위스는 모든 성인에게 기본소득을 보장하자는 '기본소득제'를 국민투표에 부쳤으나 76.9%의 반대로 부결되었다. 재정적 어려움, 복지 축소 등에 대한 우려와 국민들의 거부감이 표출된 결과라는 평가다. 핀란드는 이미 2017년 1월부터 국가 단위로는 처음으로 실험에 돌입, 실업자 가운데 2000명을 무작위로 선정해 2년간 매월 560유로(약 70만 7000원)를 지원하고 있다. 위트레흐트를 비롯한 네덜란드 일부 도시가 조만간 제한적인 기본소득 제도를 도입할 예정이다. 미국, 독일 등에서도 기본소득운동이 활발하다. 브라질은 일찍이 시민기본소득제를 입법화했다. 취업 여부나 소득 수준 등에 관계없이 전 국민에게 최소한의 생활이 가능한 수준의 기본소득을 국가가 지급하자는 것이다. 유니세프 UNICEF의 지원을 받은 인도는 2011년에 마디아 프라데시Madhya Pradesh 주州의 농촌 마을에서 실험을 통해 농민 기본소득의 효과를 성공적으로 검증했다.

일본은 '농업차세대인재투자사업(청년취농급부금)'을 통해 젊은 귀농인에게 정착금 용도로 한시적·조건부 기본소득을 지급하고 있다. 일본 정부가 농가의 고령화와 영농 후계자 부족이 심각해지자 의욕 있는 젊은 층을 끌어들여 농업을 활성화하기 위해 시행하고 있다. 농업을 새로 시작하는 사람(45세 미만)에게 연수 기간 2년과 농업 개시 후 5년 등 최장 7년간 해마다 150만 엔(약 2200만 원)씩 최대 1050만 엔(약 1억 5400만 원)을 지급하는 방식이다. 연간 소득이 250만 엔을 넘거나 농업을 제대로 이행하지 않을 경우에는 지원이 중단된다.

유럽연합의 모든 회원국도 '청년농업인 직접지불금Young Farmers Direct Payment'을 시행하고 있다. 취농 5년 이내이고 39세 이하인 신규 취농자에 대해 기본 직접 지불액의 25% 상당을 최대 5년간 증액 지급한다.

## 200만 사회적 농민에게 기본소득을

　최근 한국도 기본소득이라는 세계적인 흐름의 변방, 사각지대에서 벗어나려는 몸짓이 활발하다. '기본소득네트워크'를 중심으로 녹색당 등 진보정당은 핵심 정책으로 기본소득을 내건 지 오래이고, 마침내 지난 대선에서는 정의당 등의 유력 대선 후보들이 농민 기본소득, 청년배당 등 기본소득을 핵심 공약으로 약속하는 단계에 이르렀다. 문재인 정부에서는 지난 대선 기간에 후보 직속으로 기본소득위원회를 설치한 데 이어 2018년부터 아동수당, 청년농업인 영농정착지원금을 신설하는 등 향후 본격적이고 구체적인 기본소득 관련 정책 개발이 기대된다. 전국농민회총연맹이 제안한 농민수당도 해남군을 필두로 각 지자체마다 속속 도입을 추진하고 있다. 국내외를 불문하고 이미 기본소득이 더 이상 소수의 상상과 소망의 산물이 아니라 우리 생활 속으로 깊이 들어온 것이다.

　특히 농민 기본소득제는 진보 진영을 중심으로 구체적인 주요 의제로 대두되고 있다. 국민의 생명을 지키고 농업의 공익적 가치를 수호하는 농민이 농촌을 떠나지 않고 생활할 수 있도록 국가에서 소득을 보전해주자는 명분이 설득력과 합리성을 확보하기 시작한 것이다. 특히 실효성이 부족한 기존 농업직불제의 한계와 폐해를 극복하려는 대안으로 부각되고 있다. 현행 4%대의 농가소득 대비 직불금은 농가소득을 보전하기에는 무기력하고 무의미하다. 농가소득의 50~90%까지 보전되는 독일, 스위스 등 유럽 선진 농업국의 직불금 지원책에 견줄 만한 실질적 농업소득 보전책으로 대체되어야 한다.

물론 농민 기본소득제는 도시민, 노동자, 소비자 등 국민들과 사회적 합의가 필요하다. 아무리 좋은 취지의 제도라도 발효와 숙성 작업이 선행되어야 한다. 단계별로, 시범적으로 제도를 시행하면서 전체적인 일정과 강도를 조율할 필요가 있다.

가령 첫 단계로 18~50세의 청장년 10만 명에게 5년 이상 150만 원씩 월급을 지급하는 '청년 공익영농요원제'는 어떤가. 기본소득제에 대한 국민의 여론과 주의를 환기해 본격 도입의 단초나 발판을 삼을 수 있을 것이다. 아울러 광역 또는 기초 지자체 등 특정 지역 농업 단위로 범위를 한정해 일단 시범 사업으로 시도해볼 수도 있을 것이다.

다음 단계에서는 '영세농 기초생활연금제', '고령농 기초생활연금제'도 고려해볼 수 있다. '영세농 기초생활연금제'는 소득 인정액 하위 30%의 영세농에게, '고령농 기초생활연금제'는 65세 이상 고령농에게 지급하는 방식이다. 각각 90만 명에게 월 50만 원씩 지급한다면 연간 예산은 각각 5조 4000억 원이 소요된다. 현행 기초연금 제도가 일종의 노인연금제라면, '영세농 또는 고령농 기초생활연금제'란 일종의 농민연금제라 부를 수 있을 것이다.

본격적인 단계인 '공익농민 기본소득제'는 모든 농민이 수혜 대상이다. 2016년 말 기준 약 250만 명의 농민(농가 인구)에게 월 50만 원씩 무조건, 무기한 지급한다면 연간 예산은 15조 원 정도가 필요하다. 2017년 농림축산식품부(이하 농림부) 예산은 14조 4887억 원이다. 과연 그 돈은 우리 농민을 위해 합리적이고 효과적으로 사용되고 있는가. 물론 농림부 예산을 기본소득 예산으로 단순하게 전용하자는 말은 아니다. 그래서도 안 된다. 기본소득 재원은 별도로 추가 조성해야 한다. 이때 수급 주체를 농민 단위가 아니라 농가 단위로 산정하거나, 농민에 국한하지 않고 농촌 주민 전체로 확장하는 방식도 얼마든지 고려해볼 수 있다.[1]

거듭 주의를 환기하자면, 기본소득의 정신은 '놀고먹는 듯한 베짱이'마저 국민이니 기본소득을 받을 권리가 있다는 것에서 출발한다. 베짱이가 기본소득을 받으면 능동성과 이타성이 늘어나 '열심히 일하는 개미'가 될 수 있다는 것이다. 하물며 개미 중의 개미 '농민'에게 기본소득을 지급해야 하는 이유를 더 설명해야 하나? 공익농민 기본소득은, 농민들을 농사

---

1 정기석, 「공익농민 월급형 기본소득제 실행 모델 개발」, 충남연구원, 2014. 9.

로 돈을 벌어 생계를 해결해야 하는 이기적, 고행적 상업농의 굴레에서 해방시켜준다. 사람과 자연을 살리는 이타적이고 창조적인 공익농사를 짓는 사회적 농부로 자유롭게 해준다. 사람이 돌아오는 농촌, 사람 사는 세상을 앞당긴다. 결국 도시도 살리고 국가도 살린다.

## 기본소득이란 무엇인가

### 기본소득은 문화혁명이다

기본소득基本所得, basic income guarantee, basic income, citizen's income은 재산이나 소득의 많고 적음, 노동 여부나 노동 의사와 상관없이 개별적으로 모든 사회 구성원에게 균등하게 지급되는 소득이다. 즉, 부자든 가난한 사람이든 가리지 않고 무조건 베푸는 것이다. 또 개별적으로 하나하나 챙겨주는 소득이다. 그리고 아무런 대가를 바라지 않고 주는 소득이다. 기본소득은 모든 사람에게 기초적인 생활권을 보장해야 한다는 정신에서 나온 '인간적이고 동시에 사회적인' 개념이기 때문이다. 모든 가정은 소용없는 일이지만, 만약 '모든 노인에게 20만 원을 지급한다'는 박근혜 정부의 대선 공약이 지켜졌다면, 한국에서 기본소득제의 물꼬를 튼 역사적인 사건이라 평가할 수도 있었을 것이다. 또 성남시의 청년배당도 기본소득의 범주에 넣어도 무관할 것이다.

동서고금을 통틀어 사회의 모든 개인에게 조건 없이 지급하는 '기본소득'을 본격적으로, 처음 제안한 이는 프랑스의 생태사회학자이자 경제학자 앙드레 고르[André Gorz]이다. 저서 『경제이성비판』[2]에서 "한 사회의 생산력은 점진적으로 발전하고, 갈수록 같은 양을 생산하기 위해 더 적은 양의 노동이 요구되므로, 노동의 대가로 주어지는 노동 비례 소득을 유지하는 것은 합리적이지 못하여 사회 구성원들의 삶을 지탱할 수 없다"고 주장했다.

기본소득이란 본디 가구 단위가 아니라 개인 단위로 지급되는 것이다. 노동과는 무관하게 자산이나 다른 소득의 심사 없이 보장되는 기본적인 소득을 뜻한다. 따라서 기본소득제는 대부분의 국민들에게는 당장 수용하기 어려운 난제로 다가올 수 있다. "한 국가 내에서 재원을 어디서 확보할 것인지, 사람들이 돈 받고 일 안 하면 '무노동 무임금'에 길들여지는 건 아닌지, 정치

---

**2** André Gorz, *Critique of Economic Reason*, ed. by Gillian Handyside, Chris Turner (as *Métamorphoses du travail, quête du sens*), New York : Verso, 1988.

농민에게 기본소득을

적으로는 과연 실현 가능할지, 복지 개념으로 볼 것인지, 사회
주의의 이념 선상에서 파악할 것인지"에 대해 질문과 의문을 수
반하기 마련이다.

이때 소득에 대한 자본주의 시대의 판단 체계를 통해 기본
소득제의 개념을 이해하면 곤란하다. 기본소득제는 일종의
사회 개혁이고 문화혁명이다. '인간적 비참함으로부터 벗어
나려는 인문주의적 의제'라 할 수도 있다. 무엇보다 기본소득
은 1인당 일정액을 지급하기만 하면 되기 때문에 복지를 위한
관료 행정 기구가 불필요하다. 소모적인 관리 비용이 발생하
지 않는 것이다.

가령 한국에서 농민 기본소득이 시행되면, 간접보조 방식
의 농정 예산 지원제도의 관리와 감독에 주로 동원되고 있는
농정 공무원들은 불필요해질 것이다. 따라서 인건비 등 기존
에 지급되는 예산을 아껴 기본소득의 재원으로 전환할 수도
있을 것이다. 그리고 잉여 공무원들은 보다 생산적이고 사회
혁신적인 일자리로 재배치할 수 있을 것이다. 게다가 사회 구
성원들에게 기본소득이 지급되면 구매력이 늘어나 내수가
증진되고 일자리가 확대되는 경제 민주화의 효과도 거둘 수
있다.

## 기본소득은 언제부터 이야기되었나

기본소득의 기원은 16세기 초로 거슬러 올라간다. 비베스는 『구빈 문제에 관한 견해』[3]에서 빈민에게 최소 소득을 지급하자는 구상을 내놓았다. 몽테스키외는 1748년 『법의 정신』[4]에서 "국가는 모든 시민들에게 안전한 생활 수단, 음식, 적당한 옷과 건강을 해치지 않는 생활 방식을 제공할 책임이 있다"라고 주장했다. 이어 18세기의 사상가 토머스 페인Tomas Paine은 공공 부조와 사회보험에 한정되지 않는 급부에 대한 발상을 내놓았다. 그는 토지가 공공재이므로 그 지대 수입으로 모두에게 일정 금액을 지급하자고 주장하며, 모두가 자연유산에 대한 권리를 갖고 있다는 근거를 제시했다.

샤를 푸리에는 1836년 『잘못된 산업』[5]에서 "기본적 자연권을 누리지 못하는 탓에 자신의 필요를 충족시킬 수 없는 사람들에게 사회는 기본 생존을 보장해줘야 한다"고 주장했다. 존 스튜어트 밀은 1848년 『정치경제학의 원리』[6] 2판에서 "분

---

**3** Juan Luis Vives, *De Subventione Pauperum Sive De Humanis Necessitatibus, Libri II*, 1525.

**4** Charles-Louis de Secondat, Baron de La Brède et de Montesquieu, *De l'esprit des lois*, Genève : Barillot & fils, 1748.

**5** Charles Fourier, *La fausse industrie morcelée : répugnante, mensongère, et l'antidote, l'industrie naturelle, combinée, attrayante, véridique, donnant quadruple produit*, Paris : Bossange, 1836.

농민에게 기본소득을

배에 있어서, 특정한 최소치는 노동을 할 수 있거나 없거나 간에 공동체 모든 구성원의 생존을 위해 먼저 할당된다. 생산물의 나머지는 노동, 자본 그리고 재능이라는 세 요소들 사이에서 사전에 결정되는 특정한 비율로 분배된다"라고 서술했다.

러셀은 1918년 『자유로 향하는 길』[7]에서 생계에 충분한 소득을 모두에게 주어야 한다고 주장했다. 클리포드 H. 더글러스Clifford Hugh Douglas는 1924년 국가 배당을 모든 가구에 매월 지급하자는 '사회 신용Social credit'을 주장했다. 조지 콜은 1935년 '사회 배당'을 주장했는데, 1953년 저서 『사회주의 사상사』[8]에서 기본소득Basic income이라는 용어를 최초로 언급했다.

신자유주의 경제학의 거장인 밀턴 프리드먼Milton Friedman은 1962년 『자본주의와 자유』[9]에서 최저생계비 이하의 노동소득에 대해 차액만큼 현금으로 보전해주는 가장 소극적인 기본소득 제도 모델인 '마이너스 소득세'를 제안했다. 1967년 미국 공화당의 닉슨 정부가 도입을 검토하기도 했다. 제임스 토빈James Tobin은 공공부조와 사회보험을 대체하지 않는 최소 보

6  John Stuart Mill, *Principles of Political Economy : With Some of Their Applications to Social Philosophy*, London : John W. Parker, 1848.
7  Bertrand Russell, *Proposed Roads to Freedom : Socialism, Anarchism, and Syndicalism*, London : George Allen & Unwin, 1918.
8  George Douglas Howard Cole, *A History of Socialist Thought*, London : Macmillan, 1935.
9  Milton Friedman, *Capitalism and Freedom*, University of Chicago Press, 1962.

장 소득인 데모그랜트<sup>demogrant</sup>를 주장했다. 1972년 민주당의 대통령 후보 조지 맥거번<sup>George Stanley McGovern</sup>의 대선 강령에 이 데모그랜트가 담기기도 했다.

이들 학자나 사상가들의 논리와 견해에 공감한 국가와 정부도 기본소득의 역사를 실천적으로 이끌었다. 1976년 미국 알래스카주는 주 헌법을 개정해 알래스카 영구기금을 설치했다. 1982년 알래스카주는 6개월 이상 알래스카에 거주한 모든 사람에게 나이와 거주 기간에 무관하게 영구기금으로부터 매년 균일한 배당을 실시하기 시작했다.

네덜란드는 1977년에 기본소득을 공식적으로 선거 강령에 담은 급진당이 등장했다. 이후 1985년에 정부과학정책회의가 '부분 기본소득'의 도입을 제안한 보고서를 발간하면서 기본소득을 둘러싼 논쟁이 일어났다. 1986년에는 각국의 기본소득 지지자들이 모여 기본소득에 관한 최초의 국제회의를 개최했다. 이들은 국제기구의 결성을 결의하고 이후 2년마다 총회를 치르기로 했다. 1988년에는 '기본소득 유럽 네트워크<sup>BIEN, Basic Income Europe Network</sup>'가 결성되었다. 이 기구는 2004년 바르셀로나에서 열린 10차 총회에서 '기본소득 지구 네트워크<sup>Basic Income Earth Network</sup>'로 전환했다.

일본의 경제학자 나카타니 이와오<sup>中谷巖</sup>는 빈곤층 문제를 풀기 위해 소비세 인상과 기본소득을 주장했다. 불안정하고 불공평한 연금제도를 더욱 강화하기 위해 소비세율을 인상해 '복지목적세'를 만들자고 했다. 아무 조건 없이 국민 모두에게 같은 금액의 기본소득을 주자는 것이다. 한국에서는 2008년 미국발 금융공황 이후 국민경제 차원의 구매력 저하(양극화)가 경제 위기의 심각한 구조적 원인으로 대두되면서 기본소득 논의가 주목을 받기 시작했다. 2010년에 '기본소득한국네트워크Basic Income Korean Network'가 구성되면서 공론화가 본격적으로 시작되었다.

### 기본소득의 문제

한국에서 기본소득 논의를 주도하는 기본소득한국네트워크(http://basicincomekorea.org) 등 기본소득론자들 사이에서 최대 논쟁거리는 '지급 수준을 어떻게 정할 것이냐'의 문제일 것이다. 결국 재원 조달이 기본소득 제도화, 현실화의 열쇠이기 때문이다. 재원을 마련하는 방법을 연구하고 개발하는 것은 어렵지 않지만 실제로 국가공동체 구성원들 사이에서 사회적 합의를 통해 그 돈을 마련하는 업무는 쉽지 않기 때문이다. 가령 실제로도 소득세를 중심으로 한 입장과 소비세를 중심으로 한 입장이 대립하는 양상이다.

무엇보다 기본소득한국네트워크 측은 기본소득을 도입한다는 전제 하에 국민연금, 고용보험, 산재보험, 건강보험 등 다른 공공부조, 사회보험에 대해서도 전면적 재편이 불가피해 보인다는 의견이다. 기존의 사회보험 제도는 임금노동만으로는 보호받을 수 없는 실업의 공포, 산업재해의 공포, 병원비 부담, 노후 준비 등을 대비하도록 했지만 해결하기 어려운 모순에 처해 있다. 가령 고용보험의 치명적인 사각지대는 비정규직을 비롯한 불안정노동의 확산, 실업의 증가와 장기화, 영세 자영업의 증가와 파산에 기인한다. 고용보험 제도가 미비하기 때문에 실업급여는 아주 제한적으로 시행된다. 또 건강보험은 낮은 보장성 문제를 해결해야 한다. 영국의 '국가보건의료 서비스NHS'와 같은 체계와 수준이 참고할 만한 모델인 듯하다. 국민연금은 저출산·고령화에 따른 재정 악화가 가장 큰 난제다.

이렇듯 사회보험 제도의 가장 큰 문제는 가입자(기여자) 중심으로 구성될 수밖에 없는 제도라는 점이다. 고소득자에게 유리한 구조이고 경제 위기로 미납입자들이 급증하고 있다. 국민 고용보험 제도나 실업부조 또한 제한된 수혜자에게, 한정된 기간 동안 시행될 수밖에 없다. 따라서 기존의 사회보험 제도 확대만으로 불안정노동 계층의 사회안전망 확보는 불가능하다. 최저임금 현실화가 수반되지 않는 한 남성·정규직·

대공장 중심으로 짜인 소득 비례 방식의 사회보험 내에서 불평등은 해결되지 않는다. 그렇다면 진정한 사회보험 제도 개선 방향은 '임금' 범주를 벗어나는 것이다. 교육·의료·주거·보육·노후 등의 보편복지는 현행 사회보험 제도를 조세형 기본복지로 바꾸는 것이다.

기본소득 논의를 걱정하고 불안해하는 이들은, 또 기본소득이라는 강력한 권리를 새로 보장받으면서도 아무런 의무도 부과되지 않는 것은 부당하다는 시각을 보인다. '무노동 무임금'이 아니냐는 우려와 의심이다. 하지만 기본소득론자들은 일을 하지 않거나 못 한다는 이유로 구성원의 생존권을 박탈하는 사회는 바람직하지 않다고 본다. 가령 돌봄노동을 전담하는 여성, 일을 하고 싶어도 할 수 없는 장애인은 사회 구성원이 아닌가? 무엇보다 모든 노동은 모두 옳은가?

이 같은 쟁점에도 불구하고 기본소득 제도와 관련한 논의는 이미 학술적 차원은 뛰어넘었다. 브라질 대통령 룰라Luiz Inácio Lula da Silva는 일찍이 2010년까지 기본소득을 전 국민에게 확대 실시하기로 결정했다. 아프리카 나미비아의 오미타라 지역에서도 2006년부터 기본소득 제도가 시행 중이다. 리비아도 2009년부터 석유 화폐 몫으로 전 국민에게 기본소득을 지급하겠다고 선언했다. 독일에서는 각 정당 간에 기본소득 제도 도입 논의가 가장 활발하게 이루어지고 있다. 우파인 자민당은 '마이너스 소득세' 개념과 유사한 '자유 시민급여'를 정책으로 내놓고 있다. 사민당 소장파와 녹색당, 좌파당 당권파 등은 소득이 최저 기준 소득에 미달하는 성인들에게만 기준 최저 소득과의 차액만큼 보전해주는 '필요 지향의 기본 보장' 정책을 채택하고 있다.


## 기본소득제는 어떻게

이른바 한국형 기본소득 실행 모델은 기본소득한국네트워크를 이끄는 강남훈, 곽노완 교수 등이 10여 년 넘게 구체적으로 연구·개발하고 있다. 기본소득 모델을 개발할 때 기본 원칙은, 기본소득은 심사와 노동 요구 없이 모두에게 개별적으로 무조건적으로 지급되는 소득이라는 사실이다. '기본소득'은 '무조건적 기본소득'의 줄임말에 다름 아니다. 무조건적이라는 것은 미성년자를 포함한 전체 사회 구성원에게 지급되며 심사 절차나 어떠한 의무 사항도 수반되지 않음을 뜻한다.

단, 연령이 높을수록 받는 금액은 증가할 수 있다. 따라서 명실상부하게 사각지대가 없는 보편복지 제도라 할 수 있다. 이는 기존의 연금 및 실업급여·사회부조금·대학생 생활보조

농민에게 기본소득을

금·집세보조금·자녀 양육보조금 등 현금지급형 사회복지 제도를 대체한다. 그렇다고 기본소득이 모든 사회복지 제도를 대체하는 것은 아니다. 기본소득제 외에 의료보험, 무상교육, 장애인보조금, 환자요양보험 등은 최소한 유지하거나 확대할 필요가 있다. 가령 서유럽의 경우, 이미 확보되어 있는 현금지급형 사회복지 기금을 향후 '기본소득'으로 통폐합하면 세수를 늘리지 않고도 '기본소득'의 재원이 확보된다. 나아가 '기본소득'의 규모도 매월 1인당 140만 원 수준을 상회, 명실상부하게 기본 의식주뿐만 아니라 문화·교육·취미생활 등을 향유할 경제적 여건을 보장할 수 있다.

하지만 미국식 자본주의를 채택해 사회복지 기반이 미비한 한국의 경우는 문제가 된다. 각종 연금을 포함해 2007년 기준으로 현금지급형 사회복지 예산은 1인당 평균 매월 10만 원 수준에 불과하다. 추가적인 재원 마련이 시행의 전제 조건인 이유다. 따라서 재원 문제 해결을 위해서는 자본주의적 불로소득 및 투기 소득에 대한 세율을 인상하거나 세제를 신설하고 소득세율을 인상하여 조달할 수 있다. 보다 근본적으로 기존 자본주의적 불로소득 및 투기로 인한 소득 전체를 기본소득의 재원으로 충당할 수도 있다. 이럴 경우 2007년 기준으로 1인당 평균 매월 50만 원 정도의 기본소득 지급이 가능하다.

# 2

기본소득과 노동

## 한국형 기본소득 모델

2009년에 기본소득한국네트워크와 민주노총 정책연구원은 이른바 '한국형 기본소득 모델'을 설계한 바 있다. 2009년 기준으로 0세부터 39세 이하의 국민에게는 1인당 연 400만 원, 40세부터 54세까지는 연 600만 원, 55세부터 64세까지는 연 800만 원, 65세 이상에게는 연 900만 원이 지급된다. 또 5년 이상 거주하는 외국인에게도 똑같은 기준을 적용했을 때 총액 기준 1조 7000억 원의 기본소득이 지급된다. 여기에 무상교육과 무상의료에 필요한 재원 25조를 합쳐 기본소득 지급을 위해 필요한 예산을 290조 6000억 원(2009년 기준)으로

농민에게 기본소득을

계산했다. 한국 정부의 2008년 예산 256조 1721억 원을 상회하는 규모다.

이때 기본소득을 위한 세원은 모든 소득에 대해서 과세하는 것이 원칙이다. 특히 증권양도소득세와 토지세가 새로 도입될 필요가 있다. 이 모델에 따라 증권양도소득에 30%를 과세했을 때 2009년 기준 71조 8300억 원이라는 추가 세입이 조성된다. 토지세는 23조 8000억 원 규모다. 토지에 대한 불로소득 원천징수 아이디어는 토지는 공유재산이라는 관점이 기본적으로 깔려 있다. 이밖에도 이자소득세 원천징수(세율 30%, 12조 7000억 원), 배당소득세 원천징수(세율 30%, 23조 8000억 원) 등 불로소득에 대한 새로운 과세 항목이 생긴다. 고소득 자영업자의 세원 포착 확대로 인한 종합소득세 및 부가세 명목으로도 20조 원의 추가 세입이 발생할 것으로 예측했다.

이 모델의 주요 설계자인 강남훈 한신대 교수는 "대략 근로소득에 대해서는 8%의 세금을 걷고 불로소득에 대해서는 30%까지 세금을 더 걷는 것으로 290조 원이라는 세원이 우리나라에서 가능하다"고 설명한다. 상위 10%의 불로소득에 대한 원천징수로 국민 전체에게 골고루 혜택을 나눠주는 것이 이 기본소득 모델이다. 기본소득한국네트워크는 기본소득 제도에 대해서 가장 찬성할 유권자층은 노인들이라고 단언한다. 또 대학생, 실업자, 비정규직 노동자들의 상당수도 지지

할 것이라고 한다. 무엇보다 기본소득이 정규직 노동자에게도 사회연대운동의 차원에서 비정규직 노동자를 끌어안을 수 있는 큰 가능성을 던져주는 정책이라는 주장이다.

역시 기본소득의 재원 마련이 기본소득제의 실현을 완성할 중요한 과제이자 궁극적 목표이다.

특히 한국같이 미국식 시장중심주의 경제 모델을 갖춘 나라들에서는 재원 마련이 난제임에 틀림없다. 이자, 지대, 배당 등 자본소득 및 주식양도 차익 등 투기 소득에 대한 진보적 과세를 통해 재원을 늘리는 게 상책이다. 그래야 서유럽 수준은 아니더라도 인간다운 생존을 보장하는 기본소득 제도를 비로소 갖출 수 있다. 나아가 적립된 연기금, 은행을 통해 주식회사를 전 사회적 소유로 전환, 자본주의적인 모든 불로소득을 기본소득의 재원으로 전환할 필요도 있다. 이렇게 하면, 서유럽의 기본소득 논의를 넘어서 대안경제로의 이행 전략으로 '기본소득'을 자리매김할 수 있다. 이때 기존의 각종 연금을 비롯한 사회보험 일부, 공공부조 일부를 기본소득의 재원으로 유연하게 사용할 수 있어야 한다. 나머지 부분은 조세를 통해서 조달한다. 기본소득 재원에는 무상의료·무상교육에 필요한 재원도 포함된다.

기본소득 제도 시행을 위해서는 무엇보다 조세 변혁 또는 개혁이 필요하다. 일단 모든 소득에 대해서 과세하는 게 원칙이다. 한국 사회에서 조세의 치외법권을 누리는 어떤 종교인도 예외가 될 수 없다. 이 원칙에 따라 증권양도소득세와 토지세를 신설한다. 법인세에 대해서는 현행 세율을 그대로 유지한다. 불로소득(이자, 배당, 증권 양도소득 등)에 대해서는 30%의 세율로 일률적으로 원천과세한다. 그리고 종합소득에 합산시켜 다시 과세한 다음 기납입분은 공제한다. 불로소득에 대한 과세를 통해 우선적으로 재원을 마련하고 나머지 부족한 부분만큼만 소득세와 부가가치세를 증액시켜 재원을 마련하는 수순이다. 불로소득에 대한 세율은 조세 제도가 정착되면 점차 늘려나가고 소득세율은 낮추어간다.

재산세, 종부세 등은 모두 토지세로 통합하여 단일화하고 지가 총액에 대해 1.5%의 세율로 과세한다. 향후 지가 세율을 인상하는 대신 소득세 등 기타 근로의 결과에 대한 조세를 면제하는 방법을 모색한다. 또 근로소득 및 종합소득에 대하여 기본소득세를 부과한다. 이렇게 기본소득을 도입할 경우 국민의 90% 정도가 이익을 보게 된다. 이 정도의 소득세 증가는 90% 국민에게는 조세 저항을 거의 유발하지 않을 것이다. 나머지 10% 소수의 부자들이 문제로 남을 뿐이다.

이 같은 기본소득 모델의 수혜자는 대한민국 국적을 가지고 국내에 거주하거나, 국내에 소득세를 납부하면서 해외에 체류하는 모든 개인이다. 이때 이민자와 국내에 소득세를 내지 않는 해외 체류자는 제외한다. 또 5년 이상 국내 거주 및 장기 체류 외국인도 수혜를 받는다. 소득세 내지 부가세를 국내에 납부하는 등 국민총생산$^{GDP}$ 상승에 기여하기 때문이다. 이때 소득 신고와 소득 심사, 사회봉사 활동 의무는 필요 없다. 국내의 전체 국민에게 무조건 지급한다. 기본소득은 아무런 의무 없이 무조건적으로 사회의 모든 구성원에게 지급된다. 그게 기본소득의 원칙이고 가치이다.

**기본소득과 노동**

한국형 기본소득 모델의 특징은 한마디로 자본주의적인 불로소득과 투기 소득에 대한 세율 인상과 세제 신설로 재원을 주로 마련한다는 점이다. 따라서 기존의 현금지급형 사회보장비만을 재원으로 하거나 노동소득에 대한 중과세를 재원으로 하는 대부분의 서유럽식 기본소득 모델보다 더욱 진보적 모델이라 평가할 수 있다. 나아가 이미 공적자금을 통해 국민 전체의 세금이 투입되고 전 국민의 예금으로 형성된 은행의 자산을 실질적으로 사회 전체 구성원의 공동소유로 전환할 필요성도 강조하고 있다. 은행 자산 가운데 기업 대출을 주식으로 전환하고 기본소득 제도로 인해 불필요하게 될 국내에 축적된 약 230조 원의 연기금으로 상장 주식을 매입할 수 있다. 이렇게 대부분의 기업을 사회 전체 구성원의 공동소유로 전환, 자본주의적 이자와 배당을 폐기한다. 기존의 이자와 배당 전액을 기본소득의 재원으로 통합하는 여지도 검토해야 한다. 그렇게 되면 노동소득에 대한 조세 부담을 완전히 해소하더라도 기본소득의 재원은 크게 확충할 수 있다.

구체적으로 강남훈 한신대 교수, 곽노완 서울시립대 교수 등이 설계한 한국형 기본소득 모델은 연령별 또는 생애주기별 특징에 따라 차이와 구간을 두고 있다. 2009년 기준으로 0세부터 39세 이하의 국민에게는 1인당 연 400만 원, 40세부터 54세까지는 연 600만 원, 55세부터 64세까지는 연 800만 원, 65세 이상에게는 연 900만 원이 지급된다. 또 5년 이상 거주하는 외국인에게도 똑같은 기준을 적용했을 때 총액 기준 1조 7000억 원의 기본소득이 지급된다. 여기에 무상교육과 무상의료에 필요한 재원 25조 원을 합쳐 기본소득 지급을 위해 필요한 예산을 290조 6000억 원(2009년 기준)으로 계산했다. 한국 정부의 2008년 예산 256조 1721억 원을 상회하는 규모다.

무엇보다 기본소득이 도입되면 각자 원하는 노동을 하게 된다. '노동해방'이 된다. 시간당 노동생산성은 비약적으로 향상될 것이다. 노동자들의 소득은 기본소득 수령액만큼 증가

| 한국형 기본소득 모형(가안) | | |
|---|---|---|
| | | (2009년 기준) |
| 대상 | 1인당 지급액 | 필요 재원 |
| 0~19세 | 연 400만 원 | 46.1조 원 |
| 20~39세 | 연 400만 원 | 60.8조 원 |
| 40~54세 | 연 600만 원 | 72.6조 원 |
| 55~64세 | 연 800만 원 | 37.7조 원 |
| 65세 이상 | 연 900만 원 | 46.7조 원 |
| 5년 이상 거주 외국인 | 연 550만 원 | 1.7조 원 |
| 총계 | | 265.6조 원 |

한다. 더구나 무상의료·무상교육을 포함하고 있는 한국형 기본소득 모델이 도입되면 일자리를 나누고 비자발적 실업을 축소시킬 여지도 커진다. 전업주부도 독자적인 소득과 경제권을 향유하게 되면서 가정 내 남녀평등이 확대된다. 나아가 사회적으로도 남녀 소득 격차가 줄어들어 전반적으로 성차별 문화는 사라진다.

**충남형 기본소득 모델**

충남연구원의 기본소득 연구는, 농민 또는 농촌 주민을 주요 수혜 대상으로 하는 게 특징이다. 연구를 주도하고 있는 박경철 책임연구원은 「충남형 기본소득제 도입을 위한 정책 제안」[10]을 통해 충남의 낙후 지역 농어촌 주민 기본소득제 도입의 필요성과 실현 방안을 제시하고 있다. 직접적 연구의 동기는, 현재 농어촌 지역 전반으로 고령화 및 인구 과소화가 심화되고 있지만 특히 낙후 농어촌 지역에서의 고령화 및 과소화가 두드러져 이에 대한 특별한 대책이 필요하다는 사실에서 출발한다. 낙후 농어촌 지역에 농가를 계속 유지시킬 것인가에 대한 논의가 필요하겠지만 일본의 사례와 같이 포기하는 것보다 비용을 들여서라도 유지하는 것이 국가 차원에서 더 바람직하다는 의견이다.

또 현재 정부 차원에서 실시되고 있는 낙후 지역에 대한 조건 불리 지역 직불제 등 일반적 직불제는 통상 농경지 면적에 비례하기 때문에 농촌에서 거주하는 비농업 인구에 대한 혜택은 크지 않다고 본다. 농촌공동체를 유지하고 지속가능한 농촌의 발전을 위해서는 비농업 인구도 반드시 농촌에 존재해야 하기 때문에 비농업인이 포괄된 형태의 직접 지불이 필요하다.

아울러 일반적으로 관행 농업으로 농사를 짓는 농업인이

---

10  박경철, 「충남형 기본소득제 도입을 위한 정책 제안」, 『정책동향분석』 제37호, 충남발전연구원, 2014. 2.

친환경농업으로 전환하기까지는 일정 기간의 적응기가 필요한데 이 기간 동안 소득도 현저히 줄게 된다. 정부가 친환경농업을 장려하려 한다면 이 기간에 대한 보상 체계도 어느 정도 마련해야 한다. 그래서 낙후 지역 거주민과 이 지역으로 들어온 이주민들(귀농인 등)이 기본적인 생활을 영위하고 공동체 복원과 활성화를 위해서는 안정된 소득이 필요하다는 판단을 내리고 있다. 특히 기반이 없는 청년층이 농촌으로 들어올 경우 어느 정도 안정적인 소득 기반이 필요함은 두말할 나위 없다.

그래서 충남연구원은 일단 낙후 지역 농어촌 주민 기본소득제 시범 사업을 추진하고 있다. 고령화 및 인구 과소화가 심화되고 있는 농어촌 지역을 어떻게 할 것인가에 대한 국가 차원의 관심을 유도하고 이를 해결하기 위한 기본소득제 도입을 공론화하는 게 첫 번째 목적이다. 그래서 충남도 자체적으로 낙후 정도가 심하거나 농업 및 생태 환경 조건이 불리한 리혹은 면 단위 지역을 대상으로 시범 실시하기로 했다. 특히 산간 지역이 대부분이어서 농업 여건도 열악하고 자살률도 높으며, 금광 폐광 등으로 인해 생태·환경적으로 피해를 입어온 지역을 우선 대상으로 선정한다는 방침이다. 이후 장기적인 관찰과 평가, 그리고 제도 보완 후 전면 확대하는 방안을 강구함과 동시에, 특히 충남의 경우 낙후 농어촌뿐만 아니라

농민에게 기본소득을

송전탑, 발전소 주변 지역 등과 같이 생태적으로 불리한 환경의 지역이 있기 때문에 이들 지역에 대한 보상과 연계한 기본소득제 방안도 적극 강구한다는 계획이다. 낙후 지역 농어촌 주민에 대한 기본소득제가 농촌공동체의 회복과 농촌 활성화에 긍정적으로 평가될 경우 이 제도를 일반 농어촌 지역으로 확대하고 결국 전체 지역으로 단계별 확대한다는 전략이다.

**유럽 : 스위스, 핀란드, 네덜란드, 프랑스 등**

　스위스 기본소득네트워크[BIEN]는 2013년 10월, 기본소득 보장을 헌법에 명시하자는 국민제안에 스위스 국민 13만 명의 서명을 받아 연방의회에 제출했다. 스위스는 일정 기간 안에 10만 명 이상의 국민이 제안을 하면 이를 반드시 국민투표에 부쳐야 한다. 이 국민제안에는 국가의 기본소득 보장 의무, 기본소득은 모든 시민이 건전하고 위엄 있는 삶을 영위하는 데 기초가 된다는 취지, 기본소득의 수준과 재정 문제는 별도의 법으로 정한다는 원칙 등 크게 세 가지를 담았다.

　마침내 2016년 6월, 스위스 기본소득네트워크 주도로 마런된 기본소득제 법안을 국민투표에 부쳤으나 투표자의 76.7%가 반대해 부결됐다. '현상 유지'를 선택한 스위스 국민들이 반대한 이유는 높게 책정된 기본소득 금액, 재원 마련의 불확실성 등이었다. 무엇보다 사회보장 제도를 기본소득제로 대체할 수 있을지에 대한 의문이 해소되지 않은 문제도 복합적으로 작용했다.

스위스 기본소득네트워크는 국민제안에 별도로 첨부한 문서에 기본소득을 기존 사회보장 제도에 통합해 운용하되, 18세 이상 성인은 월 2500스위스프랑(약 300만 원), 청소년 및 노인은 약 4분의 1 수준의 기본소득 보장을 제안했다. 스위스의 지난해 1인당 국민소득은 7만 8881달러(약 8400만 원)이다. 이 제안에 반대하는 재계 등은 부가가치세 등 세금 인상이 불가피하고, 기업과 국가의 경쟁력이 떨어질 것이라는 논리를 폈다. 반면 기본소득네트워크는 기존 제도를 효율적으로 개편하고, 약간의 추가 재원을 발굴하는 것으로도 시도해볼 만한 제도라고 주장했다. 특히 스위스의 평균 소득 수준 이하를 받고 있는 젊은 층, 비정규직 노동자들을 중심으로 기본소득이 지지를 얻고 있다.

전국적 단위에서 기본소득 제도를 실시하려 한 시도는 미국, 브라질 등에서 있었지만 모두 성공하지 못했다. 스위스 경우는 현실성을 띤 최근 사례라는 점에서 기본소득운동에 활력을 불어넣을 것으로 보인다.

핀란드는 현재 국민 과반수가 기본소득제를 지지하고 있고, 청년층의 경우에는 그 비율이 80%에 이르고 있다. 좌파당과 녹색당은 기본소득제를 강령으로 채택했다. 핀란드는 아동급여, 최소보장연금제, 청장년기 대학생급여, 구직급여, 실업급여를 기본소득제로 통폐합할 수 있는 복지제도와 재정적 기반을 갖추고 있다.

네덜란드는 2017년부터 흐로닝언 등 중부 대도시 일부 지역에서 기본소득 지급 실험을 시작했다. 개인에게는 월 972유로(약 119만 원)를, 부부에게는 월 1389유로(약 170만 원)를 준다. 네덜란드 정부는 수급자들을 4개 실험군으로 나눠 근로의욕 및 복지 효과를 관찰할 계획이다. 최적의 복지안을 개발하기 위해 수급자들 중 일부는 근로 활동을 제한하고, 일부는 정부가 일자리를 제시하는 방식으로 서로 다르게 부여했다.

스코틀랜드 정부는 2017년 9월부터 글래스고, 에든버러 등 4개의 도시에서 기본소득 실험을 위한 재원 마련 등을 지원한다고 공표했다.[11]

프랑스에서는 집권 사회당의 대선 후보 브누아 아몽Benoit

---

11 금민, 「세계의 기본소득 현황과 한국의 실행 과제」, 전국귀농운동본부 귀농정책연구소 7차 정책포럼, 2017. 11. 28.

<sup>Hamon</sup> 전 교육부장관이 전 국민에게 매월 600~750유로(약 73만 ~92만 원)를 기본소득으로 주겠다는 공약을 내걸기도 했다.

'유럽시민발의<sup>European Citizens' Initiative</sup>'의 기본소득운동은 기본 소득을 현실화하기 위해 진행 중인 운동이다. 2012년 4월에 시작된 '기본소득 유럽시민발의'는 유럽연합<sup>EU</sup> 집행위원회를 상대로 한 제안 형식으로 회원국들이 입법을 하도록 압력을 넣는 일종의 청원운동이다.


## 아시아 : 인도, 이란 등

인도는 세계 최초로 농민 기본소득을 실험했다. 2010~ 2013년 유니세프<sup>UNICEF</sup>의 기금으로 여성단체 세와<sup>SEWA, Self-Employed Women's Association</sup>와 함께 인도 마디아 프라데시주의 농촌마 을 여덟 곳에서 기본소득 실험을 진행했다. 이 실험의 목적은 성인 남성과 여성, 어린이를 포함해 6000명이 넘는 사람들에 게 성인 200~300루피(약 3400~5100원), 어린이 100~ 150루피 (약 1700~2550원)의 현금을 매월 지급한 뒤 어떤 효과가 나오 는지 보려는 것이었다.

실험 결과 전반적으로 주민들의 영양과 건강 상태가 개선 됐고, 학교 출석률과 학습 능력이 높아졌으며, 경제활동 증가,

부채 감소 및 저축 증대 등의 효과가 나타났다. 특히 장애인이 이 프로그램에서 큰 혜택을 받았다. 여기서 중요한 것은 경제활동 증가인데, 현금 지급이 개인들의 능동성과 자발성을 끌어낸다는 주장에 힘을 실어준 것이다. 이 점이 전통적인 빈곤 퇴치 프로그램과 기본소득의 차이라고 할 수 있다.

이란은 2010년 12월 전 세계에서 최초로 전국적인 기본소득계획을 수립했다. 주로 연료 생산과 관련된 '가격 보조'의 낡은 체계를 '현금 보조'로 개혁하려는 노력의 부산물이었다. 즉, 매년 1000~1200억 달러에 달하는 보조금 지원 상실분에 대해 국민들에게 보상해주는 가장 실용적인 방식으로 채택한 것이다. 보조금은 절반 수준으로 줄이는 대신 동시에 모든 이란인들은 가구 단위로 구성원당 매월 40달러를 '현금 보조'로 받을 자격을 부여했다.


## 아프리카 : 나미비아, 남아공

나미비아는 매우 실험적인 기본소득 프로젝트를 진행했다. 대상은 나미비아 오미타라 지역 60세 미만의 모든 주민 930명으로, 60세부터는 노령연금을 이미 받고 있었다. 지급 금액은 매월 100나미비아달러(약 1만 5000원)이었고, 지급 방

농민에게 기본소득을

식은 우체국 예금계좌로 송금(처음 6개월은 직접 지급)했다. 기간은 2008년 1월부터 2009년 12월까지 24개월이었다.

남아프리아공화국의 경우 기본소득이라는 표현을 공공연하게 쓰지 않지만 사실상 기본소득제와 같은 일종의 사회배당 제도를 시행하는 셈이다. 1994년 넬슨 만델라<sup>Nelson Mandela</sup> 대통령 취임 이후 사회부조를 지속적으로 확대해 전 인구의 30%, 극빈 지역의 경우 75%가 보조금을 받고 있다. 주로 임금노동에서 배제된 다수의 개인들을 대상으로 하는 남아공의 보조금 지원제도는 일종의 사회배당제라 할 수 있을 것이다. 노동을 통해서만 소득을 얻고 실업 등 비정상적 위기 상황에 대한 사회안전망으로 사회보험을 설계한 기존 복지제도와 다르다는 의미다. 즉, 모든 국민들의 공유재인 광물자원에서 생산된 부를 재원으로 국민 개개인의 정당한 몫을 배당하기 때문이다.

**남미 : 브라질**

브라질의 경우 2004년 세계 최초로 기본소득을 제도화하는 법을 의회에서 통과시켰다. 하지만 정치적, 경제적 이유로 바로 시행이 되지 못하다가 2010년부터 단계적으로 시행되고 있다. 법안에 따르면 이 시민 기본소득은 단계적으로 시행되어 차츰 모든 사람들로 그 대상을 확대한다는 내용이다. 여기에는 브라질에 5년 이상 거주한 외국인들까지도 포함된다.

그 시작은 룰라<sup>Lula da Silva</sup>가 실시한 '볼사 파밀리아<sup>Bolsa Família</sup>'라고 불리는 일종의 '부(負)의 소득세<sup>Negative Income Tax</sup>' 정책이었다. 볼사 파빌리아는 아동의 취학과 예방접종을 조건으로 빈곤 가정에 생활보조금을 지급함으로써 교육과 의료 서비스를 제공하고 최저생활을 보장하기 위한 프로그램이다. 월 120브라질달러(약 5만 5000원) 이하의 소득을 올리는 1120만 가구(약 4500만 명)에 월 50브라질달러(약 2만 4000원)를 지급하고, 여기에 자녀 1인당 15브라질달러(약 7200원)를 추가로 지급했다.

'볼사 파밀리아'는 고소득자를 포함한 전체 국민과 5년 이상 거주한 외국인에게도 개인별로 월 40브라질달러(약 1만 9000원)를 지급하는 '시민 기본소득' 제도로 변경, 시행되었다. 4인 가족의 경우 월 160브라질 달러(약 7만 6000원)를 받는다.

■ 브라질 시민기본소득 법률 전문
(2004년 1월 8일자 법률 제10,835호)

제1조 2005년부터 시민기본소득이 시행된다. 이는 국내에 거주하는 모든 브라질 사람들과 브라질에 최소한 5년을 거주한 모든 외

농민에게 기본소득을

국인들이 사회경제적 조건의 부과 없이 매년 현금 급부를 받을 수 있는 권리로 이루어질 것이다.

**제1항** 이 조항의 모두에 언급된 내용의 적용 범위는 행정부의 판단 기준에 따라 보다 궁핍한 주민 계층을 우선하여 단계적으로 달성되어야 한다.

**제2항** 급부의 지급액은 국가의 발전 정도와 예산상의 능력을 감안하면서 모두에게 동등한 액수가 되어야 하고, 각 개인이 식량, 교육, 건강에 있어서 최소한의 지출을 할 수 있을 정도로 충분해야 한다.

**제3항** 이 급부의 지급액은 같은 액수로 월 단위로 분할될 수 있다.

**제4항** 이 조항의 모두에 언급된 현금 급부는 개인 소득세 부과를 목적으로 한 과세 소득이 아닌 것으로 간주한다.

**제2조** 급부액의 결정은 행정부의 권한이며, 이는 재정책임법인 2000년 5월 4일자 제101호 보족법(주. 1)의 제16조 및 제17조에 있는 규정을 엄수하는 가운데 이루어진다.

**제3조** 행정부는 이 법률의 제2조에 있는 규정을 준수하며 2005 회계연도 연방정부 총예산 가운데 이 계획의 첫 단계를 시행하기에 충분한 예산을 계상할 것이다.

**제4조** 2005 회계연도부터 앞으로 수년간의 계획 및 예산 지침과 관련된 법률 계획들은 이 프로그램의 시행을 위해 필요하다고 판단되는 여타의 조치들과 마찬가지로 지출의 취소나 이전을 명기해야 한다.

## 미국 : 알래스카주

미국 알래스카주는 석유 자원에서 나오는 막대한 수입을 재원으로 한다. 1976년 주 헌법의 개정으로 알래스카영구기금<sup>APF, Alaska Permanent Fund</sup>이 설치되었다. 주지사 하몬드<sup>Jay Hamond</sup>는 모든 거주자들에게 그들의 거주 기간에 비례하는 배당을 매년 지급하는 것을 구상했다. 그런데 다른 주에서 이주해 온 사람들을 차별한다는 이유로 보편적 기본소득에 가까운 모습으로 다시 태어났다. 1982년 프로그램이 시행된 이후 알래스카에 적어도 1년 이상 공식적으로 거주한 모든 사람은 나이나 거주 햇수와는 무관하게 매년 일정한 배당을 받았다. 초기에는 1인당 매년 300달러 수준에 머물렀지만, 2000년에는 2000달러에 달했다.

농민에게 기본소득을

# 4

# 지금 우리 농민의 살림살이

## 빈곤의 늪에 빠진 농민과 농촌

우리 농촌은 매우 가난하다. 농민이 농사를 지어 먹고살기 어렵기 때문이다. 개인적인 소감이나 일방적인 주장이 아니다. 객관적 사실이자 엄연한 현실이다. 정부도 기꺼이 인정한다. 해마다 '우리 농촌이 살기 어렵다'는 사실을 거듭 통계로 고백하고 있다. 통계청에서 발표한 2016년 '농가 및 어가 경제 조사'에서 눈으로 확인할 수 있다. 2016년 우리 농가의 가구당 총소득은 3719만 7000원이다. 2016년 도시 근로자 가구(3인 가구 기준)당 평균 소득 5914만 8000원(월평균 가구소득 492만 9000원×12월)의 62.8% 수준이다.

그나마 농가소득 가운데 순수한 농업소득은 27.1%에 불과한 1006만 8000원이다. 2015년보다 10.6% 줄었다. 농업 총수입 3127만 9000원에서 재료비, 노무비, 경비 등 농업경영비 2121만 1000원을 차감한 수치다. 농업소득률은 32.2%밖에 안 되는 것이다. 아무리 '쎄가 빠지게' 농사를 지어봤자 돈이 안 된다. 더욱이 농민 스스로 몸으로 때운 인건비를 감안한다면 농사일은 만성 적자 구조이다.

농민들은 농사만 지어서는 먹고살 수 없으니까 다른 일을 겸업해야 한다. 농산물 가공업, 서비스업 등 농업 외 소득이 1525만 2000원으로 농가소득의 41%나 차지한다. 농민들의 본업은 이제 농업이 아니다. 이렇게 소득은 줄어드는데 지출은 거꾸로 늘어나고 있다. 2016년 농가의 가계 지출은 평균 3104만 9000원으로 전년보다 1.4% 증가했다. 벌어들이는 총소득에서 약 83%의 돈을 지출한 셈이다.

'농업농민정책연구소 녀름'은 2012년에 전체 농가의 약 23.7%는 이른바 '빈곤층'에 해당하는 것으로 추정한다.[12] 여기에서 '빈곤층'이란 연간 농가소득이 가구별 최저생계비에도 못 미치는 영세한 빈농을 의미한다. 특히 이명박 정부, 박근혜 정부 9년 동안 농가의 빈곤화는 더욱 악화되었다. 녀름

---

12  장경호, 「농가의 빈곤화, 지속가능의 최대 위협 요인」, 농업농민정책연구소 녀름, 2014.

농민에게 기본소득을

에서는 "농가소득은 정체된 가운데 상대적으로 물가상승으로 인한 농가의 실질 구매력이 낮아지고, 농민층에 대한 직간접적인 각종 지원을 줄이거나 폐지함으로써 농가의 구매·지출 부담이 늘어났기 때문"으로 분석하고 있다. 한계농들의 이농과 폐농으로 농촌이 형해화, 공동화되고 있는 근본적인 이유다.

**자꾸 줄어드는 농업소득, 늘어나는 농가 부채**

아닌 게 아니라 지난 10여 년 동안만 관찰해봐도 그렇다. 농가소득도, 농업소득도 지속적으로 줄어들고 있다. 자칫 겉으로 보면 부족한 농업소득을 보전하는 농외소득의 증가로 전체 농가소득이 현상은 유지하는 것으로 착시된다. 하지만 물가상승률을 감안하면 실질소득이 하락 추세 일변도인 게 틀림없다. 무엇보다 '농외소득'이란 말 자체가 농산물 가공, 체험관광 등의 부대 수입 그리고 식당, 공사판 등에서 품을 팔아 얻는 수입까지 포함하는 개념이다. 이러고도 정상적인 농촌의 경제활동이라고 주장한다면 참으로 무지하다고 볼 수 있다.

농가의 교역 조건도 악화일로다. 농산물은 제값을 받지 못하고, 그나마 이것저것 빼고 나면 남는 게 하나도 없다. 1990년 대비 2012년 농가의 판매가는 약 54.8% 상승했다. 반면 농가의 구입가는 약 76.9%나 올랐다. 농산물 판매 가격보다 생산과 생활을 위해 농가가 구입해야 하는 각종 지출 비용이 22%나 더 많이 증가한 것이다. 판매가가 오른 듯 보이지만 사실은 그만큼 농가의 실질 구매력은 하락했다는 말이다.

이런 차이는 결국 농가의 부채로 직결되었다. 1990년 농가부채는 약 473만 4000원인 데 비해 2012년에는 2억 7262만 원으로 약 5.76배나 증가했다. 같은 기간 농가소득이 약 2.84배 증가한 것에 비해 부채는 갑절로 더 늘어난 것이다. 이로써 농가소득 대비 농가부채의 비중은 1990년 약 42.9%에서 20여 년 후에는 87.1%까지 수직 상승했다.

그런데 주목해야 할 점은, 2000년대 접어들면서 농업용 부채에서 교육비, 의료비 등 가계용 부채가 증가하고 있다는 사실이다. 또한 대출이자, 차입금 원금 상환을 위해 불가피하게 사채 등으로 조달하는 기타 부채도 따라서 늘어나고 있다. 부채의 양은 물론 질마저도 불량해지고 있는 것이다.

녀름연구소는 "농가의 빈곤 문제는 결국 농가소득의 문제가 원인"이라고 진단, "농산물의 가격을 통해 농업소득을 보장해주어야 하고, 직접지불 제도와 같이 정부가 직접적으로 농가소득(이전소득)을 보전하는 것이 병행되어야 한다"고 줄기

차게 제안한다. 즉, 농정 당국은 농업소득을 보장하는 가격정
책과 농가소득을 보전하는 소득정책을 모두 조화롭게 병행해
야 한다는 것이다. 이를 위해 전농(전국농민회총연맹) 등 농민
단체와 농민당 등 진보 정당에서 요구하고 있는 기초농산물
국가수매제도, 국민기초식량보장법 등이 최선의 대안이라고
강조한다.

## 농업과 농촌을 망치는 주적, '기업자본'

지난 이명박·박근혜 정부 농정의 핵심 화두는 공히 '기업
화'와 '산업화'라 말할 수 있다. 한마디로 "대기업 중심의 규모
화, 집단화로 경제성과 생산성이 떨어지는 대다수 소농, 영세
농을 들녘에서 어서 내몰고 농업을 공업화, 상업화, 산업화해
국제경쟁력을 확보하고 말겠다"는 것이다. 따라서 '농업선진
화', '첨단 정보통신기술ICT융복합 농업 6차산업화' 같은 일부
소수의 기업농, 대농, 부농 우선의 중심 정책과 전략을 초지
일관 고수했다. 얼핏 그럴듯한 국가 전략으로 들리지만 모두
거짓말이다. 이는 국가 기간산업인 농업과 온 국민의 공유 자
산인 농촌 고유의 특수성과 공공성을 무시한 채, 오직 물리적
성과와 계량적 효율성을 농정의 지상 과제로 삼겠다는 신자

유주의자들의 불순하고 천박한 속셈의 표출에 불과하다. 결국 농정 책임자들은 국가 기간산업인 '농업'의 공익적 가치와 사회적 목적을 전혀 모르거나 의도적으로 훼손하고 있다는 고백과 다름없다.

한국농어촌사회연구소 이사장인 장상환 경상대 명예교수는 농업의 공익적 기능을 복합적으로 정리하고 있다. 우선 안전한 식량의 안정적 공급과 공업 원료 공급 등 공급 기능을 꼽는다. 다음으로 수자원 함양과 수질 정화, 홍수 조절 등 물의 보전과 토양 침식 방지, 토사 유출 방지, 오염 물질 분해 등의 국토 보전 기능을 강조한다. 여기에 산소 공급, 탄산가스 흡수, 기후변화 완화, 방음 등 대기 보전 기능도 빼놓을 수 없다. 경관 유지, 보양 공간 제공, 재해 방지, 피난처 제공 등 쾌적한 환경 보전 기능 또한 더해진다. 2004년 농촌진흥청에서는 이 같은 농업의 공익적 또는 다원적 기능을 화폐가치로 82조 4995억 원이라고 환산한 적도 있다. 하지만 부질없는 짓이다. 모두 돈으로 따지기 힘든 가치들이기 때문이다.

그렇다면 우리 한번 함께 생각해보자. 오로지 '돈의 위력'을 좇아야 하는 기업은 '생명의 가치'을 지켜내야 하는 농업을 제대로 경영할 수 없다. '시장을 키워 돈을 많이 벌어야 하는' 대기업이야 두말할 나위도 없다. 기업을 농업의 주체로 내세워서는 구조적으로 좋은 먹거리, 안전한 먹거리를 생산할 수

농민에게 기본소득을

없다. 기업으로는 그저 농사나 농업이 아닌 '농공업, 농상업, 농서비스업' 같은 농산업을 겨우 영위할 수 있을 뿐이다.

그래서 기업은, 특히 대기업은 농업에 손을 대면 안 된다. 기웃거려서도 안 된다. '본디 돈이 안 되는 농업'을 '돈도 되는 농산업'으로 공업하듯, 상업하듯, 서비스업하듯 무리하게, 무모하게 접근하면 농업은 실패한다. 결국 기업도, 농민도, 국민도 모두 공멸한다. 하지만 오늘날 국가권력을 틀어쥐고 있는 신자유주의자, 성장주의자, 개발주의자들은 모두 기업의 편이다. 농민의 말을 듣지 않고 오직 돈의 냄새를 따라 움직인다. 심지어 "대기업, 재벌이 앞장서야 나라 경제 전체가 강해지고 국민들도 행복해진다, 농민은 국민이 아닌가?"는 겁박으로 혹세무민하고 있다.

이럴 때, 농민들은 논밭을 벗어나 나가 싸울 각오를 다질 필요가 있다. 단, 싸움의 주제와 목적을 보다 선명하게, 보다 설득력 있게 할 필요가 있다. 기왕의 '대기업 농업생산 진출 저지' 정도의 수세적 자세를 넘어, '대기업 국민 식량 주권 침탈 저지' 정도는 되어야 한번 싸워볼 만하지 않겠는가. 물론 그전에 '대기업의 농업 진출' 문제는 5% 농민들만의 일이 아니고 100% 국민 모두의 문제라는 사실부터 인식하도록 해야 한다.

이른바 '대기업'의 농업 시장 진출 역사는 1980년대로 거슬러 올라간다. 1984년 축산법이 개정되면서 경쟁력과 효율화를 명분으로 '계열화 생산 규정'이 제도화된 것이다. 1988년 하림의 육계계열화업체 지정을 시작으로 양계산업부터 본격 계열화되었다. 생산과 유통, 판매를 하나의 경영체가 총괄하는 경영 방식으로 확장해 규모화된 것이다.

그 뒤 상황은 안 봐도 뻔하다. 당연히 규모화와 계열화를 감당할 수 있는 자본력을 갖춘 대기업이 시장을 지배했다. 이어 1997년 7월, 돼지와 닭 시장을 전면적으로 개방하면서 정부는 대기업을 보다 공격적으로 지원하기로 작정했다. 우선 대기업의 축산업 진출을 제한한 축산법 27조를 폐지했다. 또 2001년부터 '양계산업 종합 발전 대책'을 발표하며 가축계열화 지원사업을 본격화했다. 명분이야 늘 하던 염불대로 축산업 경쟁력 강화라는 것이었다.

**이명박 정부의 살농 정책, '농업 선진화 방안'**

한국 농업의 기업화는 '비즈니스 프렌들리'한 지난 이명박 정부에서 정점을 찍었다. 당시 '농업 선진화 방안'은 한마디로 농업 구조조정 정책에 다름 아닌 것이었다. 그때 내놓은 농림부의 농업 경쟁력 방안은 농업 주체의 경쟁력 제고, 농업 분야 투자 유치 확대, 고품질 기술 및 수출 농업 육성, 시장 친화적 농업정책 지원 시스템 구축 등을 골자로 한다.

여기서 농업 주체의 경쟁력 제고는 곧 규모화를 통해 법인화와 기업화를 추진하겠다는 말이다. 우리 농업의 주력이자 중추인 소농과 가족농을 도태시키고, 자본력을 앞세운 기업농을 전면에 내세우겠다는 포석이다. 또 투자 유치 확대는 대기업과 외국자본에 농업의 문호를 전면 개방하겠다는 것이다. 대자본이 농업을 장악하게 공공연하게 방치하겠다는 것이다.

고품질 수출 농업 육성이란 결국 일부 농민의 농산물을 소량 수출하는 대신, 안전성이 검증되지 않은 외국 농산물을 수입하려는 꼼수에 불과하다. 시장 친화적 농업정책 지원 시스템 구축은 대다수 농민에게 농업보조금을 빼앗고, 기업농 중심 보조금 정책으로 전환하겠다는 엄포나 마찬가지다.

이상을 종합하자면, 이명박 정부의 농업정책은 신자유주의를 기조로 삼겠다는 뜻이다. 곧 국가의 식량 주권과 국민의 건강권을 지키지 않겠다는 농업 주권 포기 선언이라 할 수 있다. 근본적으로 농업이란 단순한 경제적 영역이 아닐진대, 농정철학이 부재한 이명박 정부에게 농업은 한낱 생산성이 떨어지는 사양 산업이고 농산물은 고작 저부가가치 상품에 지나지 않을 뿐이었다.

오늘날 세계 농업 환경에서 한국의 농업은 국제경쟁력이 전무하다. 세계무역기구WTO, 자유무역협정FTA, 환태평양경제동반자협정TPP, 역내포괄적경제동반자협정RCEP 등 외세의 위협이 무차별적으로 난무하지만 사실상 대응력이나 대책이 별로 없다. 농업의 존립 근거와 생존 기반은 사실상 붕괴된 지 오래다. 상황이 이런데 이명박 정부의 농업 선진화 방안에는 농업이 주권국가가 사수해야 할 식량 안보 내지 식량 주권이라는 관점이 결여되어 있다. 농업을 국가 기간산업으로 대접하지 않고, 오로지 산업화 논리, 시장경제 논리로만 재단한다. 농업이나 농민을 위하는 정책이 아니라 '골치 아픈 농민들을 농지에서 어서 몰아내려는' 살농 정책의 구체적 실천 방안 이상도 이하도 아니다.


## 농업 선진화 방안은 '비즈니스 프렌들리 농업'

이명박 정부의 농림부는 2009년 4월, 이른바 '농어업 선진화 방안' 47개 과제를 선정해 발표됐다. 하지만 논의 과정에서 농민과 국민은 철저히 배제되었다. 벤치마킹 모델로 삼았다는 뉴질랜드형 농업 개혁은 당연히 뉴질랜드 농업계의 이해와 요구를 바탕으로 한 것이다. 그럼에도 다른 나라를 모델로 한 한국형 농업 선진화는 일방적이고 졸속으로 추진되고 말았다.

농민의 이해와 이득에 배치되는 이 선진화 방안은 농업 위기의 원인을, 농업의 희생을 담보로 한 수출주도형 경제성장과 개방농정에 두지 않았다. 적반하장 격으로 보조금 수혜 등 농민의 지나친 정부 의존성을 그 원인으로 지적하며 농민과 농업계를 매도했다. 급증하는 이농 현상의 원인조차 교육, 의료, 문화 등 농촌 정주 여건 악화에서 피상적으로 찾는 악의적인 오류를 자행했다. 다 알다시피, 농업 문제의 본질은 '농부들이 농사를 지어서 농촌에서 먹고살기 힘들다'는 한계상황에서 비롯되는 것이다.

농업과 농민을 위하지 않는 이명박 정부가 굳이 농업 선진화 방안을 만든 이유는 불순하다. 그렇지 않아도 기왕에 방만하고 비효율적으로 운영되던 정책자금, 농업금융 등을 농기업과 규모화된 기업농에 지원하려는 그럴듯한 명분을 만들어내야 했기 때문이다. 나아가 각종 규제를 완화해 중소농을 농업의 중심 주체에서 퇴출시키고, 그 빈자리에 외부 자본의 농업 진입을 자유롭게 촉진하려는 것이었다. 결국 농업 선진화 방안이란 기업과 자본에 농업의 주도권을 넘겨주는 망국적 구조조정 방안에 다름 아닌 것이다.

## 농업 선진화 방안은 '농업판 4대강 사업'

47개 실천 과제를 찬찬히 살펴보면 '이명박표 농정'의 속셈을 어렵지 않게 눈치챌 수 있다. 우선 '미래 성장 동력' 과제에서는, 농업을 식량 생산 국가 기간산업이 아닌 기업화, 산업화의 대상으로 취급한다. 녹색 성장 산업화, 국가 식품 시스템, 전통주 세계화, 유전자변형농산물GMO 등은 전형적인 기업화, 산업화의 구호이자 이권 사업이다. 특히 대규모 간척지에 농식품 산업단지를 조성해 수출 중심 농업의 전진기지로 삼겠다는 건 노골적인 허구나 기만에 가깝다. 세계 농업시장은 이미 글로벌 곡물 메이저들이 장악하고 있어 국제경쟁력이 전무한 한국 농업이 비집고 들어갈 틈이 없다.

소득 안정, 삶의 질 향상 관련 과제에서는 농업소득 이야기가 아예 쏙 빠져 있다. 주로 농촌과 농업에서 퇴출시킨 농민층에 대한 복지제도와 농어촌 서비스 기준 도입에 초점을 맞추고 있다. 그나마 구체성, 실현가능성, 효과 등은 전혀 검증할 수도, 책임질 수도 없는 상태다. 결국 농민 퇴출을 전제로 한 농업 구조조정임을 사실상 시사하고 있는 것이다. 또 친환경적 수로, 농경지 진입로, 다목적 농업용수 개발은 오늘날 백일하에 드러난 대로, 4대강 사업과 같은 맥락의 토건 사업의 일환이다.

농민에게 기본소득을

실질적으로 농업 선진화 방안은 농업보조금 제도 개편이 핵심이다. 기존 정책자금 지원의 방향에서 영세·고령농은 배제한 채, 농기업 중심의 자금 지원 정책으로 전환하려는 포석을 깔고 있다. 품목 단체를 조직, 규모화해서 품목 단체를 통해 보조금을 지급하겠다는 점, 비농업인의 진입 규제가 완화된 상황에서 규모화된 농기업에게 농업을 맡기겠다는 점 등에서 그 의도를 분명히 나타내고 있다.

대규모 민간 자본의 농업 진출도 공식화됐다. 이전에는 농업회사법인의 경우, 대표가 농민이고 법인의 업무집행권을 가진 자 중 2분의 1 이상이 농민이라야 했다. 하지만, 2009년 5월 '농지법' 개정 이후 대표자가 농민일 필요가 없어졌다. 또 법인 업무집행권을 가진 자 중 농민 구성 요건은 3분의 1 이상으로 완화됐다. 2011년 11월부터는 농업회사법인을 설립할 때, 비농업인의 출자 한도 제한도 기존 75%에서 90%로 대폭 완화됐다. 민간 자본과 대기업들의 농업시장 진입로를 대놓고 열어준 것이다.

덧붙여 농업 경쟁력 강화를 위해 외국인과 민간 자본의 투자 유치를 확대하겠다는 것은 정부의 책임을 시장으로 떠넘겨 농업을 자본에 팔아넘기겠다는 불순한 의도로밖에 보이지 않는다. 이렇게 대기업이 농업에 진출하고 농업시장을 지배하게 되면 농민은 대기업의 농업노동자로 전락하게 된다. 당

초 고령농의 생활 안정을 명목으로 도입된 경영이양 직접지
불 제도가 사실상 농업에서 은퇴(퇴출)시키려는 용도로 활용
되기 시작한 것도 이 무렵이다.


## 박근혜 정부에 '창조농업'은 없다

  적어도 농정에 관한 한 박근혜 정부는 이명박 정부 2기 또
는 '이명박근혜 정부'로 불릴 만하다. 단지 구호와 포장만 '창
조농업'으로 바뀌었을 뿐, 농업 선진화 방안이란 '살농 정책'
을 고스란히 계승한 꼴이다. 박근혜 정부는 "과감한 패러다임
전환, 추격형에서 선도형으로, 상상력과 창의력이 곧 경쟁력,
산업의 융복합과 일자리 창출, 규제 완화와 창의 인력 양성 및
투자 확대 등의 창조경제 생태계 조성" 등 현란한 수사를 남
발하며 농업에도 기만적인 창조경제의 잣대를 들이댔다.

  박근혜 정부 측의 농정 전문가를 자처하는 이들은 "농촌
인력 구조 개편과 디스토피아 사회의 치유 욕구로 분출된 힐
링 문화 확산, 저성장에 따른 소비자들의 트렌드 변화와 개방
화로 인한 지구촌의 농업 환경 도래 등을 극복하고 그런 어려
운 현장에서 블루오션을 찾는 것"이 창조농업이라고 강변했
다. 심지어 거대 시장인 중국의 급진적 산업화와 일본 농업 노

쇠화는 우리 농업에 새로운 희망을 보여주는 현상이라고 농민들을 현혹했다. 지금 들어도 공허하다. 그것도 그나마 생각과 말뿐이었다. 지금 그 농정 전문가들 중에서 농정 실패의 책임을 지겠다고 나서는 이는 단 한 사람도 보이지 않는다.

특히 창조농업을 견인할 구체적인 모델로 6차산업 또는 융복합산업화를 소리 높여 부르짖었다. 농축산물의 다양한 기능성을 이용한 가공기술 개발·보급, 농업과 타 산업과의 융복합을 통한 시너지 창출, '베이비부머'의 은퇴와 맞물려 급속히 늘어나는 귀농·귀촌자들의 노하우를 새로운 에너지로 창출해야 한다는 홍보를 줄기차게 전개했다. 가령 정보통신기술ICT 융복합 모델을 개발해야 한다거나, 농업과 가공·유통·농촌관광 등 전후방 연관 산업의 융복합을 추진해야 한다거나, 고부가가치 6차산업으로 육성해야 한다는 것 등이었다.

이 같은 박근혜 정부의 창조농업은 "앞으로의 혁명은 농업에서 나올 것"으로 예측했던 마이크로소프트의 빌 게이츠의 예언까지 들러리를 세웠다. 삼성전자에, 인공지능AI에게 우리 농업을 맡길 생각이었나?

## '비즈니스 프렌들리 농업'은 공업이거나 부동산업[13]

대기업, 특히 재벌의 농업 진출은 국가 단위 농업의 생산 기반과 시장 질서의 붕괴로 이어지고 출혈 경쟁과 농가소득 감소를 촉발한다. 2013년 동부팜한농(현 팜한농)의 경우처럼 특정 품목의 생산량, 수출량이 증가하면 제한된 시장에서 대기업이 경쟁 우위를 독과점할 것은 뻔하다. 그 피해는 고스란히 중소농, 가족농 등 대다수 일반 농가에 전가된다.

대기업의 농업 진출 전략은 노동집약적 품목보다 시설 채소, 버섯류, 축산업 등 공장화·산업화하기 쉬운 분야로 집중될 가능성이 농후하다. 이때 농업의 특성상 일부 품목의 농가가 무너지면 해당 품목 농가의 작목 전환을 유발하기 마련이다. 마치 '도미노 현상'처럼 전환된 품목시장에서도 공급량이 급증해 연쇄적인 가격 폭락으로 이어진다. 대기업이 출혈 경쟁, 공급 과잉, 가격 폭락의 악순환 바이러스를 농촌에 유포, 확산시키는 것이다.

무엇보다 대기업이 '돈도 안 되는 사업'에 기꺼이 투자할 리가 없다. 특유의 이윤 추구 본능을 발산하여 '돈 되는 품목'으로 편중하므로 저부가가치의 주요 곡물 생산 기반은 취약

---

13  이경태, 「대기업 농업 진출의 문제점과 대안」, 농업농민정책연구소 녀름, 2013. 4. 15.

해질 수밖에 없다. 식량자급률도 하락하고 국민의 먹거리 불안도 심화된다. 생산에서 유통과 판매에 이르는 먹거리의 전 과정이 대기업의 입김에 좌우되어 국민의 식탁은 생명권과 생존권이 대기업의 지배를 받게 된다.

더욱 심각한 문제는 기존의 소농, 영세농들이 대기업에 종속된 농업노동자로 전락하리라는 암울한 전망이다. 이미 대기업의 농업 진출 과정에서 대부분 중소농 농가들은 계열화 과정에 편입되고 말았다. 생산 농가들이 원료와 자재를 모두 계열사에게 공급받고 농가에서는 생산에 필요한 노동력만 제공하는 방식이다. 유통과 판매 또한 계열사에 의해 관리된다. 결국 농민은 대기업에 종속되거나 예속되어 임금노동자 신세로 전락하고 만다.

이처럼 대기업의 계열화 비중의 확대는 결국 대기업의 시장지배력 확대로 직결된다. '슈퍼 갑' 대기업은 시장교섭력이 없는 생산 농가를 자기 통제 하에 둔 불공정 계약과 부당 거래가 난무할 것이다. 대기업이 농업 시장을 지배하면 농업 투입재들도 거의 시장이나 기업으로부터 구입해야 하는 구조가 고착된다. 공급자인 대기업이 결정하는 포장, 가공, 유통 등 관련 투입재의 생산원가 부담이 늘어날수록 농민의 소득은 그만큼 줄어들 수밖에 없다. 미국의 경우 농산물의 소비자 구입가에서 농민의 몫은 1984년 35%에서 2008년에는 15.8%로 절반 이하로 감소했다고 한다. 즉 1000원짜리를 시장에 내다 팔면 고작 158원이 농민의 손에 들어가는 셈이다. 결코 먼 나라, 남의 나라 일이 아니다.

그런데 대체 왜 돈도 안 되는 농업에 대기업이 자꾸 달려들까? 아니다. 농업은 잘만 하면 큰돈이 될 수 있다. 대기업 입장에서 손해 보지 않는 장사인 것이다. 설사 대기업이 농사를 지어서 돈을 벌지 못한다 해도 농업기업과 농지는 남는다. 가령 수직계열화로 기업 규모를 확장하고 주식 상장 이득까지 노릴 수도 있다. 농업용 토지를 추후 다른 사업 부지로 전용해 얼마든지 투기용 토지로 매각할 수도 있다. 이미 선례가 있다. 현대그룹은 농지인 서산 간척지를 특구로 지정받아 간척지로 분양하고 있다. 새만금 간척지도 당초와 달리 농업용 토지는 30%로 축소되고, 70%가 산업 및 관광 중심 복합 용지로 변신했다.

# 5

# 농사짓는 농부에게 직접 주자

{ 농업직접지불금제의 현황 }

## 낮아지고 있는 농업소득

통계청에 따르면 2016년 농가의 평균 소득은 3719만 7000
원이다. 이는 2016년 도시 근로자 가구(2인 이상) 평균 소득
5805만 288원의 64% 수준이다. 더욱이 농가의 평균 소득 중
농업소득은 1006만 8000원으로 농가소득의 27.1%에 불과하
다. 전년 대비 10.6%나 급감한 것이다.

농가소득은 크게 농업소득과 농외소득으로 나뉜다. 사전
을 찾아보면 '일정 기간 농가의 구성원이 농업 및 농업 이외의
경제활동에 참여하여 얻은 소득의 합계'를 농가소득이라 정
의 내린다. 농가의 일상생활에 필요한 가계비, 영농에 필요한

자재의 구입, 노임 지불 등을 충당하기 위한 가장 기본적인 재원이다. 그래서 농가 경제 사정을 가장 잘 표현하는 지표로서 통계청에서 매년 조사해 발표한다.

　그런데 농가소득은 월급쟁이나 자영업자 등이 벌어들이는 비농업 부문의 단순한 가구소득과 달리 몇 가지 고유한 특징을 보인다. 첫째, 농업소득과 농외소득의 합계라는 측면뿐만 아니라 자가 노동의 노임이나 자기 소유 토지의 지대地代, 농업 경영자로서의 이윤 등이 합쳐진 혼합 소득이다. 따라서 농가소득은 농업 생산량의 많고 적음은 물론, 농지 구입 가격의 움직임이나 생산과정에 투입된 생산요소의 가격 변동에도 영향을 받는다. 그래서 농업을 잘 모르는 이들에게 설명하기가 다소 까다롭다.

　둘째, 농업소득뿐만 아니라 농외소득도 중요한 비중을 차지한다. 독일 등 유럽연합의 선진 농부들도 "농사는 두 다리로 버티고 서야 넘어지지 않는다"며 겸업, 부업을 통한 농외소득의 불가피성을 인정한다. 농외소득은 임대료, 이자 수입 등 농업 이외의 소득, 농업 이외의 임업, 상업 등으로부터 들어오는 겸업 소득, 출타 가족으로부터의 송금 수입, 사례금, 증여받는 각종 보조 수입 등으로 구성되는 이전 수입의 합계를 말한다.

　셋째, 현금으로 얻는 소득뿐만 아니라 현물소득도 포함한다. 즉 농가의 생산물 가운데 일부는 시장에 판매되어 현금으로 수입되고 나머지는 자가소비 되게 마련이다. 그런데 이 자가소비분까지 농가소득에 포함되는 것이다.

농가소득 문제는 농가소득원 구조 자체가 자꾸 불량하고 부실해진다는 사실에서 찾아볼 수 있다. 최근 들어 농가소득에서 농업소득보다 오히려 농외소득의 비중과 중요성이 더 크다. 급여 수입, 농업임금 수입 등 근로 수입의 증가 폭이 커지고 있는 추세로, 독립적인 자경 농부라기보다 날품을 파는 농업 노동자로 전락하는 경우가 드물지 않게 목격된다.

농가소득 구조에서 더 심각한 문제는 지속적으로 낮아지고 있는 농업소득률이다. 농업소득률은 농업 총수입 대비 농업소득이 차지하는 비율을 말한다. 1995년 65.4%에서 2000년 55.8%, 2005년 44.6%, 2012년 33.1% 그리고 2016년에는 32.2%로 역대 최저치로 떨어졌다. 아무리 농부가 농사를 '쎄가 빠지게' 지어봐야 남는 게 없는 것이다.


## '농업직불금제'를 외과수술해야[14]

한국에도 유럽연합처럼 농업소득을 보전해주는 직불금 제도가 없는 게 아니다. 다만 실효성이 적어 농민들이 거의 체감하지 못해 유명무실할 뿐이다. 심지어 농민들조차 직불금 제도를 옹호하기는커녕 부익부 빈익빈으로 농가를 양극화하는 원인으로 비판하는 지경이다. 직불금 예산의 절반은 상위 10%의 쌀 전업농 등 대농의 몫이고, 하위 50%의 중소농들이 고작 5%의 직불금을 쪼개 쓰는 실정이다. 이제 농업직불금 제도는 단순히 감소하는 농업소득을 보전하는 대증적 대책을 뛰어넘을 필요가 있다. 근본적이고 궁극적으로 우리 농업과 농촌의 다원적·공익적 책무와 효과를 충분히 보상할 수 있어야 한다.

충남연구원의 박경철 책임연구원의 연구에 따르면, 2013년 기준 농가소득 및 농업소득 대비 직접지불금 비중은 각각 2.7%, 9.2%에 불과했다. 유럽연합의 경우에는 대략 30%, 70% 이상인 것에 비하면 우리나라 직접지불금의 비중이 매우 낮다는 것이다. 박 책임연구원은 특히 정부의 농림부 예산 가운데 농업직불금 예산도 지속적으로 감소하고 있는 점도 지적하고 있다. "참여정부 시기인 2007년 농림 축산 식품 예산 가운데 농업직불금 예산 비중은 20.7%까지 증가했지만 이후 이명박 정부와 박근혜 정부 시기에는 계속 감소해 2013년에는 7.8%까지 하락했다. 다행히 2014년부터 다소 회복하긴

14 강마야·이관률·허남혁, 「농업직불금 제도의 문제와 개선 방안」, 『농정연구』 제51권, 2014. 10.

했지만 2016년의 경우에는 쌀값의 폭락으로 변동 직불금이 증가하면서 14.7%까지 상승했다. 이는 농업직불금이 증가했다기보다는 그동안 불용 처리됐던 변동직불금이 쌀값 하락으로 사용됐기 때문이라고 할 수 있다"는 실증적 분석을 근거로 제시하고 있다.

더욱 심각한 문제는 직불금 수령의 양극화 현상에 있다. 쌀직불금 등 농업직불금이 면적 단위로 지급되다 보니 초래되는 부작용이다. 농림부의 2016년 국회 국정감사를 보면, 전체 150만 명 직불금 수령자 중 9.6%(약 14만 명)인 대농·기업농(재배 면적 2ha 이상)의 농가당 평균 직불금은 350만 원인 반면 75.8%(약 114만 명)를 차지하는 영세농가(재배 면적 1ha 미만)의 직불금은 28만 원인 것으로 나타났다. 대농이 영세농보다 12배가량 직불금을 더 많이 받고 있는 것이다.

이 같은 양극화 현실을 주목한 충남도는 농업직불금을 기본소득형 방식으로 전환하는 '충남 농업환경 실천 사업'을 개발, 시행하고 있다. 정부의 농업직불금 외에 자체적으로 추가 지급해왔던 벼 재배 농가 경영 안정 직불금을 2017년부터 기본소득제 방식으로 개편하는 것이다. 비록 시행 초기라 수혜 금액이나 효과는 크지 않지만, 기존의 면적 단위 직불금을 기본소득 개념으로 전환하는 최초의 시도라는 데에 의미가 크다. 구체적인 시행 방식은 그동안 벼 재배 농가에 직불금 형태로 헥타르당 41.1만 원(현금 23.1만 원+비료 18만 원)을 지원했으나, 그 결과 전체 농가의 65%를 차지하는 1ha 미만 소농가의 직불금은 평균 20만 원인데 반해 전체 농가의 7.6%인 3ha 이상 대농가는 평균 130만 원의 직불금을 받아, 결과적으로 3ha 이상 대농가가 1ha 미만 소농가보다 평균 6.5배의 직불금을 받게 되는 양극화 문제를 해소하려는 것이다.

따라서 이러한 농가 내 부익부 빈익빈 현상을 완화하기 위해 기존의 벼 경영 안정 직불금 287억 원과 맞춤형 비료 사업 198억 원(일몰제로 인해 발생한 금액)을 합한 485억 원을 농촌 거주 전체 농가를 대상으로 가구당 연간 36.7만 원을 균등 지급하기로 했다. 다만, 행정기관과 마을 간 친환경농업 실행, 마을 환경 가꾸기, 마을 경관 보전 참여 등 '충남 농업환경 실천 사업'을 이행한다는 조건을 준수해야 한다. 추후 긍정적인 효과가 나타난다면 다른 지자체, 중앙정부의 농업보조금 개편에도 참고 사례가 될 것으로 기대된다.

이처럼 그동안 한국의 직불금 제도는 태생적, 정치적인 한계를 안고 있다. 당초 시장 개방에 따른 농가소득 감소분 보전을 위한 대책으로 도입되었기 때문이다. 그저 단순한 제도 개선 수준이 아니라 구조적인 외과수술 정도의 큰 손질이 필요한 이유다. 일단 구조적 문제점부터 다종다양하다. 현재 운영되는 10개의 농업직불금 제도는 각각 목적, 예산, 법률, 지

농민에게 기본소득을

## 우리나라 유형별 농업직불금 제도와 재원[15]

| 목적 | 직접지불금제 명 | 도입 시기 | 재원 |
|---|---|---|---|
| 공익형 | 쌀소득등보전 직접지불제 (고정직접지불금) | 2005년 | 농어촌구조개선 특별회계 (농어촌 특별세 전입금 계정) |
| | 친환경농업 직접지불제 (친환경농업) | 1999년 | 농어촌구조개선 특별회계 |
| | 친환경농업 직접지불제 (친환경 안전축산) | 2009년 | 농어촌구조개선 특별회계 (농어촌 특별세 사업계정) |
| | 조건불리지역 직접지불제 | 2004년 | 농어촌구조개선 특별회계 |
| | 경관보전 직접지불제 | 2005년 | 농어촌구조개선 특별회계 |
| 소득 안정형 | 쌀소득등보전 직접지불제 (변동직접지불금) | 2005년 | 쌀소득보전 변동직접지불기금 |
| | FTA피해보전 직접지불제 | 2004년 | 자유무역협정 이행지원기금 |
| | 밭농업 직접지불제 | 2012년 | - |
| 구조개선 촉진형 | 경영이양 직접지불제 | 1997년 | 농어촌구조개선 특별회계 |
| | FTA폐업지원제 (수산 포함) | 2004년 | 자유무역협정 이행지원기금 |

* 자료 : 농림축산식품부 시행 지침 정리

침, 운영 기준 등이 천차만별이다. 복잡한 시행 체계, 다수의 정책 목적 때문에 수혜인 농민들은 혼란스럽다. 만족도는 물론 이해도도 낮을 수밖에 없다. 무엇보다 한정된 예산을 나

15  박경철, 「농민 기본소득제 도입 방안」, 한국농촌사회학회 2017년 정기학술대회, 2007. 5. 20.

뉘 쓰다 보니 제도마다 예산 규모도 적을 수밖에 없다. 실효성이 부족한 이유다.

한국에서는 충남연구원이 직불금 제도 개선 또는 개편을 위한 연구에 수년째 매달리고 있다. 연구 결과, 강마야 연구위원 등은 한국의 농업직불금제 문제점을 6가지 항목으로 정리하고 있다.

첫째, 직불제별 유형이 다름에도 불구하고 비슷한 목적(소득 및 경영 안정)을 지향하고 있다. 또한 정책 목표와 성과 지표 간 불일치가 많이 나타나는 결과는 정책 목적 설정이 명확하지 않다는 것을 증명한다. 실제 직불금이 아닌데도 불구하고 직불금이라는 사업 명칭과 정책 목적을 사용·홍보함으로써 사회적으로 왜곡된 이미지를 낳고 있다는 것이다.

둘째, 농업과 농촌의 다원적·공익적 기능을 충분히 반영하지 못해 영역의 한계를 노출하고 있다. 즉 매우 제한적인 농업직불금 제도를 시행하고 있다는 것인데, 생산주의적 농업을 지원하고 가격 지지 정책 축소로 발생한 감소 소득을 보전하는 산업정책으로서의 쌀(고정직불과 변동직불)·밭 농업직불제가 중심을 이루고 있다. 대부분 소득 보전에 초점이 맞춰져 있기에 협의의 직접 지불 개념 제도가 많이 실행되고 있고 광의의 직접 지불 개념에 가까운 제도는 부족하여 설득력이 떨어지고 있다. 이것은 향후 직불금 제도 확대를 위한 측면에서

농민에게 기본소득을

직불금 제도의 정당성에 대한 설득 논리가 부족하여 사회적 공감대를 형성하기 힘들다. 농업과 농촌이 공공재라는 인식 하에 공익적·다원적 기능에 대한 대가로써 보상한다는 광의의 직접 지불을 강조하고 이 영역을 확대해야 할 것이다.

셋째, 다양한 직불제 시행으로 사후의 종합적 관리 시스템과 운영 측면에서 애로를 겪고 있다. 또한 쌀 농가의 소득을 주로 지지하는 직불제 예산 편성 때문에 다양한 품목에 대한 지원의 한계, 시행 체계의 복잡성 등이 제기되고 있다. 하위 수급자의 수혜 혜택을 높일 수 있도록 하한선을 폐지함과 동시에 중복되는 사업에 있어서 통폐합이 필요하다.

넷째, 한정된 예산 내에서 다양한 직불제 시행으로 인해 지원 단가 부족, 집중도 및 수혜자 만족도가 저하되고 있다. 현재 직불금 예산은 농가의 소득 수준을 보전·향상시키기에는 미흡하여 상호 배타적 수급 문제 해소가 필요하다. 기존의 쌀 수매제에서 쌀 직불제로 전환하면서 수매 가격을 완전히 대체하지 못했다는 평가와 생산 연계성 현상 발생으로 농가 간 양극화가 초래되어 형평성 등의 문제도 제기되고 있다.

다섯째, 직불제에 대한 부정적인 시각(상반된 현실)이 상존하는 것도 문제점으로 꼽을 수 있다. 납세자로서의 국민들은 직불제에 대한 이해가 떨어지는 상황에서 비효율적인 농업 보조금의 대표적 사례로 직불제를 인식하고 있고 농민들 역시 의무감 없이 국가가 그냥 주는 돈 정도로 생각하고 있다. 상호 준수 조건 이행에 대해 농업인은 중요성을 간과하고, 이에 대한 관리 감독 또한 미흡한 게 현실이다. 지금까지 농업 보조금을 비롯하여 농업직불금에 대해 사회 구성원들로부터 전폭적인 지지를 받지 못한 것은 바로 대가에 상응하는 역할과 의무 수행이 적절히 이루어지지 않았기 때문이다. 앞으로 농업직불금 제도는 농업과 농촌의 다원적·공익적 기능 수행 보상 차원의 환경 직불 제도를 강조하고 농업인 의무 준수 조건(환경보전 조항)을 강화해서 책임과 권한을 동시에 부여하여 구성원 합의 시 정당성을 확보해야 할 것이다.

여섯째, 지역별 특성과 현실을 제대로 반영하지 못해 지방 정부의 역할과 기능이 한계를 겪고 있다. 지역정책 범주로 간주될 수 있는 조건 불리 지역 직불, 경관 보전 직불, 친환경농업 직불은 정책 시행이 미흡하고 실제로 농촌 개발 정책 차원에서 지방자치단체의 책임과 권한 하에서 상향적으로 집행되고 있지 못한 실정이다. 그나마 책정된 직불금 예산조차 공정하게 집행되지 않는 경우도 허다하다. 수년 전, 국회 예산정책처는 "2013년에 순 직불성(쌀소득 보전, 친환경, 밭농업, 조건 불리, 피해 보전 등) 예산은 대부분 집행되지 않았으며 이러한 직불제에서 증액을 요구하는 것은 바람직하지 않은 것으로 본다"며 직불금 예산집행의 허점을 지적했다.

또 "우리나라 농업 예산 중 직불금 비중은 다른 선진국에 비해 결코 적지 않은데 농가소득 중 직불금 비중은 아주 낮은 상황이다. 이는 전체 직불제 예산 중 60% 이상이 쌀소득 보전에 지급되지만 농업 총수입 중 쌀 수입 비중은 22%까지 감소하고 다른 작물의 농가도 충분한 소득을 못 이뤄내기 때문인 것으로 분석된다"면서 보완을 제안하기도 했다.

## 스위스의 농가소득 보전 직불금

2013년 9월 17일자 <한겨레>에 실린 '스위스 농업 왜 강한가'라는 글이 인상적이었다. 출판사 편집자로 일하는 김세진 씨의 스위스 농업 연수기다. 오늘날, 동서를 막론하고 농사만 지어서는 농업소득으로 농가의 가계를 온전히 유지하기는 어려운 것으로 보인다. 농업의 속성, 농부의 숙명으로 여겨질 정도다. 농부가 아무리 농사를 열심히 지어도 농업의 구조와 농촌의 생활환경을 극복하기 어렵다. 더욱이 농부 개인의 힘으로는 역부족이거나 불가항력이다. 그렇다면 정부와 사회 등 공공이, 공동체가 나서서 책임져야 하는 것은 아닌가. 이 글에 의하면 스위스가 바로 그렇게 하고 있다. 스위스 정부는 직불금으로 자국 농가와 농민의 기본 생활을 책임지고 있는 것이다. 농업의 소중함을 집단적으로 자각한 스위스 국민들과 사회적 합의를 이룬 것은 물론이다.

이 글에 따르면, 스위스는 국토 면적이 한국의 40%에 불과하다. 그중 70%는 농사를 짓지 않는 초지草地이며, 농가의 95%는 가족농이다. 그런데 식량자급률은 60%나 된다. 1993년부터 실시한 직불금의 효과라는 것이다. 2011년 스위스 농가의 직불금 수입은 농가 총소득의 60%를 넘어섰다. 평야지대 54%, 경사지 69%, 산악지대는 농가 총소득의 95%에 이르는 경우도 있다. 경사도 35도 이상의 급경사지에서는 1ha당 620스위스프랑(약 72만 5000원)의 직불금이 지급된다.

스위스의 농가 총소득에서 농업소득이 차지하는 비중은 1999년 37%에서 2010년 10%까지 떨어질 정도로 심각하게 악화됐다. 하지만 농가 살림살이는 결코 나빠지지 않았다. 국가가, 정부가, 사회가, 국민들이 경사지 직불금, 생태 직불금 등 여러 명목의 다양한 직불금으로 농가의 기초 생활을 지켜주고 있기 때문이다.

놀라운 사실은, 스위스는 농업의 다원적 기능 보호를 명시적인 '연방헌법' 조항(104조)으로 못 박고 있다. 안정적인 식량 공급, 자연환경 보호, 농촌 경관과 농촌 인구 유지 등을 위해 과감하게 농업직불금을 공급할 수 있는 사회적 합의를 이룬 것이다. 농지의 건축 면적을 5% 이내로 제한하는 등 엄격한 농지 보호 장치도 구비하고 있다. 농사짓지 않는 사람의 농지 보유는 당연히 법으로 금지된다.

스위스 정부는 전체 농업 예산의 무려 82% 수준에 이르는 직불금 규모를 그대로 유지하고 있다. "농업의 가치를 국내총 생산$^{GDP}$에서 차지하는 비중만으로 평가하는 시각은 항상 실패할 수밖에 없다. 자연환경과 토질 등의 제한을 받을 수밖에 없는 농업의 생산성을 다른 산업과 똑같은 기준으로 비교하는 것은 공정하지 못하다"는 게 스위스 정부의 농정 철학이다.


## 농업직불금 제도도 원칙부터 새로

충남연구원 강마야 연구위원은 "일본, 스위스, 유럽연합 등 주요 선진국의 농정 성격은 이미 산업 정책에서 지역 정책 으로 변화하고 있다"면서 "농업직불금 제도 운영 방향을 소득 보조에서 농업과 농촌을 공공재로 바라보는 관점을 유지한다 는 차원의 다원적·공익적 기능 행위에 대한 보상으로 잡아가 고 있다"고 이야기한다. 한국도 그런 방향으로 전환, 개선되 어야 한다는 분명한 주장이다.

강 연구위원은 현재 농업직불금 제도의 쟁점을 크게 5가 지로 제기한다. 농업직불금의 개념과 의의 그리고 필요성 등이 사회적 합의에 의해 정의될 필요가 있다는 것, 현행 농업 직불금 제도의 핵심적인 문제에 대한 고민이 제대로 되어야 제도 또한 개선 가능하다는 것, 농정 방향의 틀을 설정하고 이에 부합되게 농업직불금 제도를 개선 및 보완해야 한다. 선진 국의 농업직불금 제도 운영 실태를 어떻게 받아들일지에 대해 고민해야 한다는 것, 실효성 있는 제도 개선을 위해 무엇이 선행되어야 하는지 고민되어야 하고 특히 농정 예산 재편에 관한 논의가 선행되어야 한다는 것이다.

이때 유럽연합 등 선진국의 농업직불금 제도에서 나타나는 공통적인 경향과 추세에 주목할 필요가 있다. 그들은 우선, 농정의 목표 및 방향과 부합한 직불제를 통해 명확한 정책 목적을 지향하고 있다. 또 협의의 직불뿐 아니라 광의의 직불 개념을 최대한 살려내 점차 직불 영역을 확대하고 있다. 제도의 통합화와 운영의 종합화도 추구하고 있다. 따라서 농정 예산 중 직불금 예산의 비중과 규모도 지속적이고 추가적으로 확대하고 있다.

아울러 농업인들의 상호 준수 조건 이행의 의무화를 더 강화하고 있다. 또 지방정부의 역할과 권한을 강조하고 있다. 특히 형식상 직불제란 명칭을 쓰는 대신 지불, 혹은 프로그램이란 단어를 사용한다. 농정 당국은 농민 외 사회 구성원의 비판에 노출되지 않으면서 농업인의 소득 보전을 해주려는 세

농민에게 기본소득을

심한 배려도 잊지 않는 것이다.

강 연구위원은 "농업직불금 제도는 기본적으로 생산주의
와 산업중심주의 농업에서 벗어나 탈생산주의와 다기능 농업
의 시대로 전환하고 있는 흐름을 반영해 개선되어야 한다"는
제도 개선의 원칙을 거듭 강조하며 구체적인 개선 방안을 제
시한다. 제1축(희망농업 직불), 제2축(생태경관 직불), 제3축(행복
농촌 직불) 등 3개 축을 기반으로 하는 농업직불금 제도 개선안
이다. 3개의 축은 각각 식량자급 프로그램과 젊은농부 프로그
램, 농업생태 프로그램과 농촌경관 프로그램, 농촌공동체 프
로그램과 농촌안전망 프로그램 등 세부 프로그램으로 다시
나뉜다.

이때 재원 확보 방안이 열쇠다. 제1축의 경우 기존 농정 예
산의 재편 및 확대, 제2축과 3축은 기존 농업·농촌 관련 타 부
처 예산의 통합적이며 협력적인 집행 방식을 통해 가능할 것
으로 본다.

이 같은 충남연구원의 개선안에 대해 단국대 환경자원경
제학과 김태연 교수는 "직불제라는 형태에 천착할 필요는 없
으며, 실제 정책 수단으로 정책의 명칭을 만드는 경우는 거의
없기 때문에 직불제라는 명칭 사용은 자제될 필요가 있다"면
서, "직불제의 유용성은 농민에게 돈을 줘서 정책의 목적을 직
접적으로 성취할 수 있다는 데 있음에도, 기본적인 정책 목적

자체가 소득 보장으로 설정되어 있는 등 수단을 정책의 목적으로 수립하면서 이 제도의 유용성을 잘 활용하지 못하고 있다"는 의견을 덧붙인다.


## 유럽연합은 어떻게 직접 지불하고 있는가


유럽연합은 농정 개혁 흐름을 2000년대 이후 지속가능성 방향으로 전환했다. 직불금 제도와 농산물 생산과의 비연계성, 농촌 지역 개발정책 등을 강화하면서 농촌에서 공공재적인 농업인의 경제활동(농촌 경관 보존, 환경 보존, 동물 복지 등)에 본격적으로 지원하기 시작했다. 이에 따라 유럽연합의 농정 예산은 1990년대 50%대 수준에서 2000년대 40%대 수준으로 감소했음에도, 직불금 예산 비중은 2003년 공동농업정책 CAP, Common Agricultural Policy 개혁을 계기로 70%대 수준을 꾸준히 유지하고 있다.

유럽연합의 직불금은 기본직불과 가산직불(환경 지불, 조건 불리 지불)로 구분, 시행하고 있다는 점이 특징이다. 기본직불은 CAP의 직접지불제 하에서 시행되는 것으로 가격지지 정책 철폐에 따른 농업인의 소득 감소분을 지원하기 위한 목적으로 유럽연합 재원으로 시행한다. 가산직불은 CAP의 농촌 개발정책 하에서 각 회원국(및 지방정부)들의 재량에 따라 시행되고 있다. 그 중 환경 지불은 농업인들의 상호 준수 요건을 뛰어넘는 환경보전 활동에 따른 소요 비용과 그로 인한 소득 감소분을 국가의 공공재 생산 대가로 보상해주는 개념이다. 조건 불리 지역 지불은 산악, 고위도, 경사 지역 등 자연의 제한이 있는 경우 추가로 더 지불한다.

중요한 것은 직불금 예산이나 지원 규모 등의 양적 성과가 아니고 직불금을 지원하는 이유이자 철학이다. 독일의 농업 직불금은 '문화경관kulturlandschaft 직불금'으로 불린다. 독일 농업직불금의 취지는 "기후변화와 토양 침식·오염을 방지하고 생태계 다양성을 유지하며, 문화경관을 보전하고, 동물 애호적 사육을 실천하는 농가를 지원한다"는 것이다. 환경보전 직불Green Direct Payment을 강조해 국가별 직불금 예산의 30%를 추가 지급할 수 있다. 재원은 유럽연합 50%, 독일 정부 30%, 주정부 20%로 분담한다.

특히 2003년 공동농업정책 개혁으로 이전에 농산물 생산 실적에 연동해 보조금을 지급하던 품목별 직불 방식에서 생산 규모와 연계되지 않는 생산 중립적 '단일직불제Single Payment Scheme, SPS'로 전환했다. 이는 농업 경영주에게 예측 가능한 안정적 소득을 보장하는 데 최우선 목표를 둔 것이다. 자신의 생산 능력이나 규모와 무관하게 소득을 보장받음으로써 시장의 수요에 연동해 농산물 생산을 자가 조절할 수 있도록 하려는 것이다.

청년 농업인과 소농은 상대적으로 우대한다. 2014년 '젊은 농업인 직불금<sup>YFP, Young Farmer Payment</sup>' 지원 제도를 신설, 40세 이하 신규 농업 종사자에게 최대 5년간 기본직불금의 25%를 추가로 지불하고 있다. 최대 7만 유로까지는 일시불로 지급할 수 있다. '젊은 농업인 직불금'의 연간 예산 규모는 8억 5600만 유로(약 1조 3000억 원)에 달한다. 젊은 농업인에게는 직불금 외에도 공유지 임대, 농업 시설물 설비 보조금 10%도 따로 지원된다. 소농지불제<sup>YFS, Young Farmers Scheme</sup>는 소농이라면 경지 규모에 무관하게 정액 지불한다. 이것은 지급 대상자 평균 수급액 또는 1ha당 평균 지급액의 3배 수준에 달하는 것이다.

# 6

# 현장에서 들리는 목소리로부터

{ 농촌복지 정책의 방향 }

## 무력한 농촌복지제도

일반인들이 농촌에서 생활하고 정주하기는 쉽지 않다. 정신적 행복감이나 생활의 품격은 고사하고 생존권조차 지키기 쉽지 않다. 마치 농촌에서 사람답게 살아가는 일은 육체적, 정신적으로 힘에 겨운 고역처럼 느껴진다. 인구 과소화, 초고령화, 조손 가족·독거노인·다문화 가족 증가, 가족·이웃·지역공동체 약화, 농가 경제 악화, 양극화 심화 등이 오늘날 우리 농촌 지역의 전형적인 일상 풍경이다.

이렇게 된 원인은 다분히 구조적이고 복합적이다. 앞뒤 순서, 전후 사정을 가리지 않고 동시다발적이고 무차별적이기까지 하다. 역사적·세계적으로는 토지의 사유화와 상품화로부터, 정치·경제·외교적으로는 초국적 자본 주도 신자유주의까지 농업과 농촌의 병인과 악재는 깊고 넓고 모질다. 설상가상으로 눈치 없이 농촌의 복지 수요는 날로 급증하고 있다. 정부의 예산은 늘 부족하고 정책 역량은 역부족이거나 무기력하다. 나아가 정책 의지를 의심받을 때도 있다. 일단 농촌 복지 관련 특별법과 기본계획부터 서로 이원화돼 따로 놀고 있는 게 문제다. "농업인의 삶의 질 향상을 위한다"는 관련 공무원 조직과 위원회 등이 제대로 돌아가지 않는 건 어쩌면 당연한 일이 아니겠는가.

농촌복지 정책 전문가인 한국농촌경제연구원 박대식 연구위원은 "현행 우리나라 사회보장제도는 농업의 산업적인 특성(계절성, 자연조건의 영향 등)이나 농촌의 지역적 특성(취약한 인프라, 산재돼 있는 고객 등)을 제대로 반영하지 못하고 있어 사각지대가 광범위하다."[16]고 원인을 진단한다. 복지 문제는 반대급부의 구속이 없는 공익 정책이라는 속성상 온전히 국가의 책임이라야 한다. 그래서 정부가, 국가행정이 먼저 적극적으로 나설 때 비로소 문제가 치유될 수 있다. 우선 농림부 주도 '농어업인 삶의 질 향상 및 농어촌 지역 개발 촉진에 관한

---

16  박대식, 「농촌복지 정책의 문제점과 개선 방향」, 〈농수축산신문〉, 2013. 5. 27.

특별법 및 기본계획'과, 보건복지부 주도 '농어촌 주민의 보건 복지 증진을 위한 특별법 및 기본계획'의 역할 분담과 협조 체계부터 조정될 필요가 있다.

사회보장제도는 마땅히 계획서의 모습과 다른 농촌의 현실을 제대로 반영해 합리적이고 과학적으로 재설계·재구축해야 한다. 가령 국민연금과 국민건강보험은 보험료 부과 체계와 지원 방식이 불합리하다는 지적이 많다. 농촌 주민들의 소득 활동 특성부터 제대로 조사해 그대로 제도에 반영되어야 한다. 무엇보다 날로 경제적 양극화와 사회적 고립이 심해지는 농촌 지역에서 저소득층이 소외되거나 불이익을 받지 않도록 세심하게 챙겨야 한다. 국민기초생활보장 제도를 적용하는 데 있어서 본인부담금 경감 방안은 농촌의 특성을 따라 맞추어야 한다. 한마디로 농촌 실정에 맞는, 농민의 형편에 맞는 '농촌 맞춤형 사회복지 전달 체계'라야 한다.

## 기업과 시장에 밀린 이명박 정부의 정책

참여정부는 농정을 챙기려는 정책의 선의가 남달랐다. 2004년 제정한 '농림어업인 삶의 질 향상 및 농산어촌 지역 개발 촉진에 관한 특별법'에 '농업과 농촌을 살리려는' 방향과 의

지를 담았다. 한마디로 "농어촌 복지, 교육, 지역 개발 등에 대한 지원 실태를 점검하고 대책을 마련"하려는 것이었다. 국무총리를 위원장으로 하는 '농림어업인 삶의 질 향상 및 농산어촌 지역개발 위원회'도 본격 가동했다.

심지어 '비즈니스 프렌들리'한 신자유주의자 이명박 정부도 겉으로는 농정을 외면하지 않았다. 보건복지, 교육, 생활·인프라, 문화 여가 등 분야에 23조 5000억 원을 투·융자했다. 농어촌 주민의 삶의 질 만족도가 출범 이전에 비해 15% 증가했다고 정부 스스로 자평한 적도 있다. 진위 여부를 떠나, 정부의 발표를 주관적으로 가감하지 않고 그대로 인용하면, 우선 농어촌 보건·의료 인프라 확충을 위해 보건소 등 874개를 신·증축했다. 또 고령 농업인 건강 및 연금보험료 2513억 원 지원, 다문화가족지원센터 200개소 설립 등 취약계층을 배려했다. 특히 교육 분야에서는 기숙형 고등학교(150개), 농어촌 전원학교(570개)를 육성하고 방과 후 학교를 지원해 도농 간 교육 격차 해소를 모색했다. 생활 인프라 분야에서는 농어촌 지역의 노후 불량 주택 2만 5000동을 개량하고, 상하수도 보급률을 2011년 기준으로 각각 65% 및 56.5%로 높여 농어촌 생활 여건을 개선했다.[17]

하지만 이 같은 자평과 현장의 체감은 달랐다. 농촌 지역 주민과 관련 전문가의 평가는 박하고 냉정했다. 여전히 도시

농민에게 기본소득을

지역 그리고 국민 대부분의 경우와 비교하면 열악한 수준임은 두말할 나위도 없다. 평가의 차이는 행정의 계획과 현장의 요구가 예산 문제, 정책의 진정성, 우선순위 등의 문제로 서로 어긋나거나 충돌하는 경우가 많기 때문이다.

특히 취약계층을 위한 사회복지 전달 체계는 시급하게 개선해야 한다는 게 현장의 묵은 숙원이다. 현행 사회복지 서비스 전달 체계는 복지 수요자가 광범위한 지역에 산재돼 있는 점부터가 문제다. 읍·면 지역 복지 관련 공무원의 업무도 과중하고 서비스의 질도 보장할 수 없기 때문이다.

또 기존 농촌복지 프로그램은 주어진 예산에 사업을 끼워 넣거나 짜맞추는 식으로 공급자가 일방적으로 결정하는 것도 문제다. 수요자인 농민, 농촌 주민의 현장 의견이나 절박한 사정이 제대로 반영될 리가 없다. 가령 2011년 현재 전국의 다문화가족지원센터가 200개소에 달하지만 아직 미설치된 군 지역도 12곳이나 된다. 더욱이 조손가구와 장애인, 영유아 등 복지정책의 사각지대에 놓인 농어촌의 취약계층에 대한 서비스는 요원하다. 농촌의 학교 수는 여전히 감소 추세다. 지난

**17** 정부는 2012년 3월 30일 김황식 전 국무총리 주재로 농림수산식품부 등 10개 부처 장차관과 농어업인 대표, 전문가 등이 참여한 '농어업인 삶의 질 향상 및 농어촌 지역개발 위원회'를 개최했다. 이 자리에서 이명박 정부 출범 이후 4년간의 추진 성과와 향후 신규 추진 과제를 논의하고 시행 계획을 심의 확정했다. (농림수산식품부 보도자료, 2012. 3. 30.)

1982년부터 소규모 학교 통폐합 정책을 추진한 결과 2008년까지 5058개 학교가 통폐합됐다. 농촌 지역의 학교 및 학생의 지속적 감소와 결손가정 증가, 부족한 정책 지원 등이 도농 간 교육 격차의 원인이다. 무엇보다 보건의료는 농촌 지역에서 가장 취약한 분야다. 농촌지역에 보건의료기관 수는 6857개로 도시 4만 6057개(2007년 기준)의 7분의 1 수준에 불과하다.

## 실종된 박근혜 정부의 정책

이처럼 그동안 한국의 국민 복지 설계도에 농촌복지는 잘 보이지 않는다. 제한되고 부족한 예산으로 어디부터 먼저 손을 대야할지 고민될 정도로 의료, 주거, 문화 할 것 없이 총체적으로 낙후되고 열악하다. 지난 박근혜 정부가 들어서고는 '농촌복지 실종' 현상이 더욱 노골화되었다. 가령 2014년에 편성한 농촌복지 관련 예산은 모두 4650억 원이었다. 겉으로는 전년 대비 증가한 것처럼 발표했다. 그런데 알고 보면 그게 아니다. 국민연금 보험료와 건강보험료 지원금의 자연 증가분 때문에 착시 현상이 일어난 것이다.

가만히 들여다보면 진실이 그대로 보인다. 농촌 생활 현장에서 필수적인 주거와 의료 서비스 등의 복지 예산은 동결됐다. 특히 농촌복지의 분명한 지표 가운데 하나가 주거 환경인데, 역시 지원 정책은 소홀하다. 현재 전국의 농촌 지역 단독주택 3채 중 1채는 이른바 지은 지 30년이 넘은 노후 주택으로 분류된다. 하지만 여전히 농민에 지원되는 농촌 주택 개량 사업비는 연리 3%에 달한다. 시중은행 담보대출 금리 4%대와 별 차이가 없어 특별한 복지 지원정책이라 말하기 어려운 수준이다.

건강과 생명에 직결된 의료 서비스 수준은 더 심각하고 불안하다. 고령화로 농촌의 의료 서비스 수요는 증가 추세로 떠밀리는 절박한 현실에서 치명적인 결과를 초래할 수 있다. 이와 관련한 정부의 대표적 지원책은 건강보험료와 국민연금보험료 50% 지원제도이다. 하지만 관련 예산의 확충보다 더 근본적인 처방은 다른 데 있다. 일단 농촌에는 제대로 된 병·의원이 거의 없다. 설사 있어도 대개 시설과 인력이 부족하다. 산부인과 의사가 없는 지자체가 적지 않다. 몸이 불편한 노인이 직접 인접 도시까지 차를 타고 나와 통원치료를 받아야 하는 경우가 다반사다. 지방 도시의 농촌 지역 접경 구역마다 각종 병원이 몰려 있는 이유다.

농촌복지에 딴지를 거는 역할은 해당 부처도 그렇지만, 예산권을 틀어쥔 기획재정부가 도맡아 하고 있다. 농림부의 방문의료 서비스 예산, 농업안전보건센터 예산, 교육부의 농촌 지역 고등학교 전면 무상교육 예산도 기획재정부에 의해 삭감되었다. 특히 농림부와 보건복지부가 독거노인의 고독사·자살 등을 예방하기 위해 합동으로 추진했던 '농촌 고령자 공동시설 지원 시범사업'은 전액 삭감돼 사실상 사업이 중단되기도 했다. 기획재정부의 예산 타령 앞에 주무 부처인 농림부는 절대 약자 신세다. 오히려 정책을 부정하고 외면하는 좋은 핑곗거리로 활용되기도 한다. 게다가 농촌의 실정을 잘 모르는 보건복지부, 문화부 등의 농촌복지 관련 사업은 현실이나 현장과 겉도는 경우도 있다.

### '농어촌 서비스 기준'은 기준이 맞는가[18]

과연 농촌 주민 가운데 들어본 사람이 몇이나 있을까 싶지만, '농어촌 서비스 기준'이라는 게 있다. 2011년 1월 농림부에서 제정해 고시했다는데, "도농 간 공공서비스 격차를 완화하고, 농어촌에 거주하더라도 일정 수준의 공공서비스를 향유할 수 있도록 체계적으로 접근하겠다"는 게 그 목적이다. 농어촌 주민들이 일상생활을 영위하는 데 요구되는 공공서비스의 기

---

**18** 김광선 외, 「2012 농어촌서비스기준 이행실태 점검·평가」, 한국농촌경제연구원, 2012. 12.

농민에게 기본소득을

준으로, 주거, 교통, 교육, 보건의료, 사회복지, 응급, 문화 여가, 정보통신 8개 분야 31개 항목을 선정했다. 영국(농촌 서비스 기준), 독일(전 국토의 등가치적 생활 여건 확립) 등 이른바 사회복지 선진국의 유사 제도를 참고한 것이라 한다.

한국농촌경제연구원에서는 '제2차 삶의 질 향상 기본계획 (2010~2014)'에 근거해 농어촌 서비스 각 기준 항목별 이행 실태 조사를 매년 실시했다. 하지만 당초 기대 목적과는 달리 항목별 목표 달성도를 조사, 점검한 결과 대부분의 기준 항목이 목표치를 밑돌고 있는 것으로 드러났다. 2012년에는 하수도, 방과후 학교, 구급차 서비스, 경찰 서비스, 초고속망 구축률 등 일부 기준만 목표를 달성한 정도다. 하지만 이들 기준 역시 지자체별로는 목표 달성도가 낮은 시·군이 다수를 차지하고 있다. 전체적으로는 백두대간 일대 시·군의 이행 실태가 저조한 것으로 나타났다. 특히 강원도와 경상도 지역의 시·군은 핵심 서비스 항목에 대한 이행 실태도 낮게 평가된다.

결론적으로 "농어촌 서비스 기준 항목이 보다 현실화되어야 한다"는 게 성과 분석의 결과다. 또 농어촌 서비스 기준의 항목을 축소하고 참여하는 중앙 부처들의 적극적인 참여를 유도해야 한다는 지적이다. 가령 분기별 1회 전문 공연 프로그램 관람, 다문화 가족 대상 자동차로 30분 내 맞춤형 서비스를 제공하는 센터 도달 가능 등이 과연 오늘날 농촌이 처한 현실에 불요불급하게 적용할 만한 항목인가. 서비스 기준 제정의 진심에 근본적 의문이 든다.

따라서 농어촌 전 지역 또는 대부분의 지역에서 현실적으로 적용 가능한 기본 항목만으로 축소해야 한다는 전문가들의 주장에 설득력이 있다. 그게 오히려 농어촌 지역 주민들의 복지 수준을 올릴 수 있다는 논리다. 특히 행정의 과욕으로 농촌 현실을 무시하고 무리하게 목표를 설정하는 관행도 거슬린다. 농촌 지자체의 삶의 질 정책에 장애가 될 수 있는 만큼 현실성이 낮은 항목도 적지 않다. 축소하거나 제거하는 게 마땅하다. 당초에도 보건의료와 응급·사회복지 분야에 우선순위를 두고 정책을 추진해야 한다는 의견이 지배적이었다. 특히 구급 서비스와 1차 진료 서비스는 최우선적으로 펼쳐야 할 정책 대상이었다.

2010년에 농촌경제연구원의 관련 설문 조사 결과에 따르면 8개 부문 가운데 보건의료(17.5%)와 응급(16.4%), 사회복지(16.4%)가 상대적으로 중요하다고 평가됐다. 특히 30개 항목 중에서는 구급 서비스(8.2%)가 가장 중점적으로 펼쳐야 할 정책으로 꼽혔다. 이는 구급(응급의료) 서비스만 해결돼도 농촌 의료 문제의 상당 부분을 해결할 수 있다는 농어촌 주민의 수요조사 결과와 일치하는 것이다. 또 보건의료 부문의 1차 진료 서비스(7.9%)와 순회 진료(5.7%)가 2, 3위를 차지했다. 이에 반해 도서 열람 및 대출(1.4%)이나 도서 지역 여객선 운행 (1.5%), 문화시설(1.7%), 찾아가는 문화 공연(1.8%) 등은 후순위에 머물렀다.

현재 농림부, 보건복지부 외에도 여성가족부, 산업통상자원부, 환경부, 경찰청 등 정부 중앙 부처별로 소관 업무가 산재하고 있다. 이렇게 부처별 소관 농어촌 서비스 기준 항목이 나뉘어 있지만 이행 여부에 대한 관리 감독 기능이 사실상 취약하다. 해당 부처에서도 실태 점검에 소홀한 것으로 드러났다. 특히 연간 300억 원 규모인 연계 협력 사업 예산을 농어촌 서비스 기준 달성을 위한 기초자치단체 간 연계 협력 사업에 투입하면 더 효과적이지 않겠는가.


**박근혜 정부가 수립한 정책을 실천만 했어도**


그런데 박근혜 정부에 농촌복지 정책이 없었던 건 아니다. 정책은 있었으되 진정성과 실천력이 결여되고 부재했을 뿐이다. 농촌복지 개선 정책의 기조는 멀쩡하다. 농민 등 농촌 주민으로 하여금 "농업에 마음 놓고 종사할 수 있게 생활·환경 체계를 개선"하는 것이다. 게다가 농어촌 삶의 질 향상을 위한 향후 추진 과제로. 농어촌 복지 전달체계 개선, 적정 규모

학교 육성 방안, 수요 응답형 교통 서비스 구축 등 10대 개선 과제를 준비했다. 이명박, 박근혜 정부가 굳이 새로운 진보적 정책까지는 아니라도 있는 정책을 그대로 실천만 했다면 우리 농촌이, 우리 농민의 삶이 이 모양 이 꼴이 되지는 않았을 것이다.

박근혜 정부의 농림부가 '농업·농촌 및 식품산업 발전계획'을 통해 제시한 농촌복지 계획의 구호는 "자조·자립·협력을 통한 농촌 삶의 질 향상"이었다. 한마디로 "농촌의 복지 및 삶의 질 문제 해소를 위해 농촌 지역공동체의 자조·자립·협력을 촉진하되, 지역·관련 부처 간 연계 협력, 농촌 여건에 맞는 복지 전달 체계 구축 및 생활 체감형 복지 서비스 지원 강화"가 추진 방향이었다. 그렇게 해서, 2017년까지 농촌 거주 인구 비중을 19% 수준으로 높인다는 정책 목표를 세웠다.

| 박근혜 정부 농촌복지 관련 성과 지표 | | | |
|---|---|---|---|
| 구분 | 2012년 | 2017년 | 2022년 |
| 농촌 인구 비중(%) | 17.7 | 19 | 20 |
| 귀농·귀촌(천호/년) | 27 | 30 | 35 |
| 농촌 주민 삶의 질 만족 비율(%) | 35.7 | 43 | 50 |
| 농촌 상수도 보급률(%) | 58.8 | 80 | 85 |
| 색깔 있는 마을 후보군(개) | 3,000 | 5,000 | 7,500 |
| 도농 교류 참여 마을(개) | 7,400 | 7,700 | 8,000 |

역시 박근혜 정부의 '부도난 공수표 계획'을 그대로 전달하면, 우선 읍·면 소재지의 기초 서비스 공급 거점과 경제·문화 활동 허브 기능 강화를 위해 2014년 50개소인 농촌 중심지를 2017년 250개까지. 시·군 중심지 활성화 계획에 따라 시범사업 50개소를 구축하고 추후 평가 결과에 따라 수혜 지역을 전국적으로 확대한다는 것이었다. 특히 마을 주민이 30분 내에 기초 서비스를 제공받을 수 있도록 배후 마을과 농촌 중심지 간 기초 서비스 연계 체계를 강화한다는 대목에 눈길이 간다. 정책에 '사람'이 보인다.

'농촌 행복 교육·문화 서비스' 확대를 위해 교육부와 협력, 농촌 소규모 학교 활성화 및 교육비 부담 경감 등 농촌 교육 여건 개선을 추진했다. 기숙형 거점 중학교 육성을 통해 농촌의 교육 경쟁력을 제고하고 농촌 고교 무상교육 조기 실시, 농촌 주민의 교육비 부담 경감도 지원했다.

농촌복지에 '사각지대'가 존재한다는 현실도 모르지 않았다. 유아, 여성, 고령자 등 농촌복지의 불공평한 사각지대 해소는 복지 예산의 양적 확대만큼 중요한 과제라는 사실을 인식하고 있었다. 우선 돌봄서비스 등 유아·청소년 보육 여건 개선을 위한 지원을 확대하고 국가 차원의 장학금 확대를 감안, 보완적 역할을 할 수 있도록 농촌 출신 대학생에 대한 학자금 융자의 내실화도 추진했다

이른바 '생활 체감형' 복지도 강조했다. 고령농 등 취약계층을 위해 다양한 공동 이용시설을 조성했다. 마을회관 등 기존 공공 유휴시설을 리모델링해 공동생활 홈(마을 양로원), 공동 급식시설, 작은 목욕탕 등 4개소를 시범적으로 조성했다. 특별법을 제정해 농촌 마을 리모델링 시범사업 등 마을 단위 정비 사업에 취약계층 공동 주거지원 사업을 우선 포함시킨 것이다. 그러나 사업은 단 1회로 그쳤다. 이듬해 관련 예산을 전액 삭감, 사업의 진정성을 의심받았다.

## 현장 농촌복지 전문가들의 목소리에서

이상적인 한국형 복지 모델은 북유럽 복지국가를 비롯한 유럽연합이 아닐까. 그러나 역사적, 정치적, 사회적 배경과 역량이 다른 유럽을 그대로 따라할 수는 없다. 총체적으로 역부족이라 희망사항일 뿐이다. 그렇다면 '한국형 농촌복지'의 새 길은 어디로, 어떻게 내야 좋은가. 이렇게 난감할 때는 현장 상황을 살펴보는 게 상책이다. 이문수 진안농촌복지센터 대표 등 현장 전문가 또는 일선 활동가들은 농촌복지의 해묵은 숙제를 이렇게 정리한다.

일단 '농림어업인 삶의 질 향상 기본계획'부터 개선해야

농민에게 기본소득을

한다고 주장한다. 현행 농림어업인 삶의 질 향상 5개년 기본계획을 살펴보면 농림부의 농촌복지 사업에 대한 사회복지 분야와 시설 확충 분야가 부족하고 소홀하다. 또 정부 각 부처의 분산 추진으로 중복 투자도 염려된다. 따라서 농촌복지 사업과 관련된 실천가, 단체 등이 농림부나 보건복지부의 기본계획을 세부적으로 분석해 정책 대안을 제시할 필요가 크다.

농촌복지 정책을 대변할 사회복지 단체도 절실하다. 현재 농촌복지 사업에 대한 사회복지 단체의 역량의 한계로 농협이 중심적인 역할을 담당하고 있는 실정이다. 농촌복지 사업의 시설 확충 및 세부 예산이 농촌 현장에 적절히 반영되지 못하는 이유로 작용하고 있다. 따라서 정부의 농촌복지 정책에 대한 비판과 견제 역할을 담당할 수 있는 농촌복지 단체의 구성이 절실하다.

가령 사회복지 단체 산하에 농촌복지 관련 위원회를 신설, 체계적 조직 정비 및 연구를 통해 농촌복지 관련 단체를 구성하는 방법이 효과적일 것이다. 이를 위해 농촌복지 관련단체들의 유기적인 연계 및 조정, 농촌복지 자원의 개발, 농촌복지 사업의 조사와 연구, 농촌복지 사업 전문인력 교육 훈련 등의 역할을 통합적이고 체계적이며 유기적으로 수행할 수 있는 농촌복지 단체 구성 근거법을 마련해야 한다.

농촌복지 사업 민관 거버넌스도 구축해야 한다. 우선 농촌 지역의 특성에 맞는 농촌복지 비전을 구현하기 위해서는 중·장기 농촌복지 종합 발전계획이 마련되어야 한다. 이를 위해 민관의 긴밀하고 유기적인 거버넌스 협력 관계도 구축할 필요가 있다. 가령 재가 복지시설 등 농촌 특성에 맞는 인프라 구축 및 운영을 지원하는 현행 제도와 규정은 행정 일방적이다. 농촌복지 사업의 전향적 변화와 발전을 위해서는 민관의 긴밀한 협력 관계가 가능한 환경이 마련되어야 한다.

이분화된 농림부와 보건복지부 사업도 통합과 조정이 필요하다. 농어촌 특별법의 사업 내용 및 재정을 분석하면 농림부와 보건복지부의 사업 내용 및 재정이 중복되는 부분이 적지 않다. 농림부와 보건복지부 사이에 사업 내용 및 재정 관리 방식이 따로 추진되는 경우가 비일비재하다. 어떤 측면에서는 농촌복지 사업의 전문성과 효율성을 높이기 위해 보건복지부가 농촌복지 사업의 계획 및 재정을 전담할 필요도 있다.

## 마을 복지는 마을공동체 사업(CB)과 결합되어야

2012년 한국농촌경제연구원의 '커뮤니티 비즈니스의 중장기 육성 전략' 보고서는 마을 복지와 마을공동체 사업이 결합되어야 할 필요성을 제안하고 있다. 이른바 농촌형 마을공동체 사업 또는 '커뮤니티 비즈니스$^{CB, Community Business}$'가 복지 농촌 정책의 추진체로서 역할을 해야 한다는 것이다.

현재 농촌 지역은 고령화가 진행되고 있을 뿐 아니라 다양한 직종의 사람이 거주하는 혼주화도 동시에 진행되고 있다. 따라서 농촌 지역이 안고 있는 일자리 축소, 소득 감소, 복지 서비스 부족 등 복합적인 문제를 해결하기 위해 '복지', '산업', '지역' 등 3자가 일체화된 정책으로서 복지농촌 정책이 요구된다. 특히 '보완성의 원리'에 따라 최소 단위 지역에서 복지

| 우선적 확대 필요 농촌 지역 사회적기업 분야 | |
|---|---|
| | (단위 : 건, %) |
| 농촌에서 확대 필요 분야 | 비중 |
| 간병 및 가사지원 서비스 | 11.0 |
| 응급 및 의료 서비스 | 10.9 |
| 교육 서비스 | 13.1 |
| 문화 · 체육 서비스 | 9.4 |
| 집수리 사업 | 6.0 |
| 폐기물 처리 및 재활용 사업 | 2.8 |
| 환경 · 산림 · 경관 등의 보전 | 8.2 |
| 농업생산 | 6.1 |
| 농식품 가공 | 9.4 |
| 로컬푸드 | 12.8 |
| 도농교류 | 9.9 |
| 기타 | 0.3 |
| 총 합계 | 100.0 |

* 자료 : 한국농촌경제연구원, 『농촌지역 활성화와 일자리 창출을 위한 사회적기업 육성 방안 연구』, 2010.

문제 해결을 시도하는 것이 효율적일 것이다.

이때 마을기업, 사회적기업, 협동조합 등의 커뮤니티 비즈니스는 지역공동체를 기초로 한 새로운 형태로 영리성을 전제로 한 공익 활동을 수행하므로 복지농촌 정책의 추진체로서 역할을 해낼 수 있을 것이다. 이때 커뮤니티 비즈니스가 활성화되기 위한 선결 과제는 커뮤니티 비즈니스를 창업하고 정착시키기 위한 지역 주민과 리더의 자발적인 참여다. 그리고, 지역 고유의 자원을 개발해 농업 생산, 특산품 가공, 농산물 유통·관광·교류 등 다양한 비즈니스 모델을 발굴해야 한다.

그런 차원과 의미에서 '자립형 농촌복지 실현'을 표방하는 영광군 묘량면의 '여민동락공동체'는 선도적이고 고무적이다. 여민동락공동체는 크게 그리고 멀리 내다보는 지역 일체형 공동체를 지향한다. '여럿이 함께 만드는 즐거운 세상'이라는 '여민동락'의 뜻 그대로다. '공경과 나눔'을 실천하는 노인 복지에서 출발해 '복지시설 없는 복지'를 실천하는 생활 공동체의 기틀을 다지는 게 사업 목적이다.

권혁범 여민동락공동체 센터장은 "마을 주민이 서로가 서로를 먼저 챙기면 농촌은 사람 살 만한 곳으로 바뀐다"며, "우리 공동체는 이를 위한 중간 역할을 하며 사회안전망을 형성하려고 한다"고 강조한다. 그래서 노인 요양서비스 외에 다양한 마을·지역사회 공동체 사업을 벌이고 있다. 모싯잎떡 공

농민에게 기본소득을

장 '여민동락 할매손', 마을기업 구멍가게 '동락점빵' 등이 그 현장이다.

　한국농어촌복지포럼의 정명채 공동대표는 "농어민의 생활을 향상시키고 경제활동을 증진시키기 위한 사회서비스 제도와 사회협동 제도에서 가장 취약하고 발전되지 못한 부문이 사회협동 부분"이라면서, 특히 정부의 정책 결정 과정에 직접 참여할 수 있는 농업회의소를 중심이자 기반으로 품목별 조직 활동의 중요성도 강조하고 있다.

# 7

'농업은 생명산업, 먹거리는 인권'
{ 농업을 국가 기간산업으로 }

## 대기업 진출은 농업의 공멸

대기업이 주도하는 성장 지향 농정은 결코 우리 농업의 해법이 될 수 없다. 오히려 대기업과 농업은 상종하기 어려운 상극에 가깝다. 근본적으로 대기업은 농업과 어울리지 않는다. 대기업은 수익성에 몰두하고 농업은 공익성에 헌신적으로 복무하는 '국가 기간산업'이기 때문이다. 농업은 휴대폰이나 자동차처럼 오로지 수익성만을 좇아 떼돈을 챙길 수 있는 '돈 놓고 돈 먹는' 투전판이 아니다. 농사는 돈이나 기술만 가지고 되는 게 아니다. 그래서 단도직입적으로 말할 수 있다. "대기업이 농사를 지으면 농업도, 경제도 다 망친다"고.

농민에게 기본소득을

농업이란 상업성보다는 진정성이 더 중요한 업종이다. 교육, 에너지, 교통, 주택 등처럼 공공의 안녕이라는 공동선을 최고의 가치로 삼아야 하는 대표적 국가 기간산업이다. 그래서 농심을 잘 헤아리지 못하는, 수익을 포기하고 공익에 기꺼이 헌신할 수 없는 대기업은 농업에 뛰어들면 안 된다. 반드시 실패한다. 기업도 국가도 공멸한다.

그럼에도 불구하고 대기업이 농업 시장에 진출한다면 농촌은 국민의 식량 생산 기지가 아니라, 다원적 공익 기능의 보고가 아니라, 약육강식, 출혈경쟁의 살벌한 정글처럼 변질되고 만다. 우리 농민도 죽고 농업과 농촌도 따라 죽는다. 그렇다고 '3농(농민·농업·농촌)'이 무너진 빈 들판에서 대기업 홀로 살아남기도 어렵다. 이게 다 자연의 이치, 생태계의 섭리다. 거스르면 죽는다.

결국 한국 농업의 전체가 도산하고 공멸할 수도 있는 악수가 바로 '대기업의 농업 진출'이다. 농업은 이명박 정부의 '농업 선진화'나 박근혜 정부의 '창조농업' 같은 공허한 구호가 작동되지 않는 분야이다. 사익을 추구하는 기업이 아니라 중소농, 가족농 등 대다수 기층 농민의 협동과 연대만이 우리 농업의 앞날을 보장한다. 협동 사회 경제 같은 '농업·농촌 경제 민주화'의 방법으로 비로소 농업의 활로나마 찾을 수 있다. 국가 기간산업화의 기반 위에서 '중소농 중심 공동 농업' 경영

전략에서 농정 대전환의 해답이 있다.


## 진보적 '국가 책임 농정'이 합리적


농업은 국가 기간산업이라는 당위성은 진보 정당이 누누이 주장하고 제안했다. 분당 이전의 통합진보당은 2012년 19대 총선 당시 농업·먹거리 공약에서 "농업은 국가 기간산업으로서 국가 책임 농정으로 대전환을 약속한다"며 농업 3+4 과제, 15대 공약을 발표했다. 우선 '국가 책임 농정 3대 특별 과제'로 '반값 비료, 반값 사료! 농자재 가격 원가 공개 법제화, 농협법 전면 재개정, 한미FTA 폐기, 한중FTA 추진 중단, 체결된 모든 FTA에 대한 영향 평가, 농가 부채 특별법 제정 등을 전면에 내걸었다.

그리고 '국가 책임 농정 4대 정책 과제'로는 첫째, '국민 기초식량보장법 제정과 식량 주권 실현'을 내세웠다. 이를 위해 기초 농산물 국가수매제·가격 상하한제 실시, 학교급식지원센터를 통합급식지원센터로 공공급식 확대, 2030년까지 식량 자급률 50%를 실현하겠다는 의지를 표명했다.

두 번째 정책 과제는 '마음 편한 농사, 걱정 없는 먹거리 보장'이다. 농지 공개념 강화, 불법 농지 국가 매입, 농민 경작권

농민에게 기본소득을

보장을 비롯해 목표 소득 직불제, 도시 가구 평균 소득 대비 95% 수준 농가소득 보장, 중소농 협업공동체 육성, 생태농업으로 단계적 전환 등이 구체적 실천 공약이다.

세 번째는 '생산의 주체, 여성농민 권리 보장'이다. 여성 농어업인 육성법 개정, 여성 농민의 조직화를 통한 생산·가공 협업체 인센티브 부여, 성 인지 예산 확보와 생애주기별 특성에 따른 여성 농민 지원제도 마련 등이다.

끝으로 '농촌 지역부터 보편적 복지 구현'으로 농촌공동체 리더 30만 명 육성, 국가 차원에서 급여 지급, 교육·보육·의료·노후 걱정 없는 농촌, 농촌지역 통합복지센터로 사각지대 없는 복지 실현 등이 농촌복지 3대 공약이다.

그리고 "농업은 생명산업, 먹거리는 인권"이라고 선언했다. "농업과 농촌을 살리는 것은 비단 농민만의 문제가 아니며 5000만 국민의 생명과 건강, 자연과 생태 환경, 전통과 문화를 지키는 것이며 다음 세대를 위한 것"이라며 "경쟁력과 효율성이라는 잣대, 모든 것을 시장에 맡기는 신자유주의 농정을 끝장낼 것이다. 국가 기간산업으로서 농업의 위상을 바로 세우고 국가가 전적으로 책임지는 '국가 책임 농정'으로 대전환할 것"을 국민들에게 제안했다.

## 진보적 농정 공약은 농민의 숙원이다

이 같은 진보정당의 농정 공약은 특정 정당의 정치적 산물이 아니다. 대다수 소농, 영세농들의 절박하고 간절한 숙원을 그대로 옮긴 것에 다름 아니다. 그래서 단연 국가 책임 농정 1대 과제 첫 번째 공약은 '국민기초식량보장법 제정'으로 정한 것이다. "국가의 책임 하에 농민에게는 소득 보장을, 국민에게는 가격 안정을 책임짐으로써 먹거리 기본권을 보장하겠다"며 "이는 쌀, 보리, 밀 등 주곡에 대한 국가수매제와 무, 배추, 고추 등 주요 채소류에 대한 가격상하한제로 가능하다"고 주장했다.

1대 과제의 둘째는 공공급식 확대를 통해 "학교급식지원센터를 통합급식지원센터로 확대하여 초중고 무상급식과 공공급식에 1차 친환경, 2차 근거리 지역 농산물을 우선 공급하고, 먹거리복지 차원에서 저소득층에 대한 기초 농산물 지원을 확대하겠다"는 것이다.

또 "우선 매년 1%씩 올려 2017년까지 공약 30% 달성, 중장기적으로 50% 달성을 위해 식량자급률 목표치를 법제화하겠다"며 "목표치 달성을 위해 농지 불법 전용을 막고, 쌀값을 보장함으로써 현행 생산기반을 유지하고, 2모작으로 경지 이용율을 높이며, 국내 조사료 생산 기반을 확충하여 곡물 사료 수입을 줄여나가겠다"는 1대 과제 세 번째 공약을 내세워 2030년까지 식량자급률 50%를 달성하겠다는 각오를 다졌다.

국가 책임 농정 2대 과제를 통해서는 첫째, "불법 소유, 부재지주 농지를 국가가 매입하여 국공유 농지를 확대하고 낮은 임대료로 농민에게 장기 임대함으로써 안정적인 영농을 보장"하고, 농지 공개념을 강화하여 농민의 농지 소유와 경작권을 보장하려 했다. 둘째 "농가소득을 도시 가구 대비 평균 95%까지 보장"하여 "논 변동직불금을 폐지하고 고정직불금을 1ha당 100만 원으로 확대하고, 밭 농업직불금도 70만 원으로 확대하겠다"며 "중장기적으로 95% 달성을 위해 단계별로 목표 소득 기준을 정하여 농가소득과의 차이를 다양한 직접지불로 보전한다"고 약속했다.

여성 농민을 생산의 주체로 육성하자는 내용을 골자로 하는 3대 과제에서는 "여성 농어업인 육성법을 개정하여 중앙 부처에서 자치단체까지 여성농민 전담 부서와 인력을 보장하"고, 나아가 "여성 농민이 주도하는 생산 가공 협업체에 대한 인센티브를 강화하고, 성별 영향평가를 통한 성 인지 예산 확보, 생애주기별 특성에 입각한 여성농민지원 제도로 고령 여성 농민에게는 공동 주거와 농촌 마을 공동 급식, 신규 여성 농민에게는 영농 교육, 각종 문화·학습 소모임 활동 등을 지원하겠다"는 실천 방법을 제시했다.

국가 책임 농정 4대 과제에서는 농촌 지역 우선 지원을 통한 농촌 지역 보편적 복지 실현을 집중해서 강조했다. "보편적 복지가 대세임에도 농촌은 상대적으로 소외되고, 복지 수준이 너무나 열악하다"며 "젊은 사람들이 일자리, 교육, 보육, 의료 걱정 없이 귀농·귀촌할 수 있는 농촌! 평생을 고향과 농업을 지켜온 농민 어르신들의 노후가 보장되는 농촌복지 공동체를 만들겠다"는 것이다.

구체적으로는 첫째, "중소농 협업공동체를 결성하고, 생태농업으로 단계적 전환을 선도하며, 농업의 공익적 가치를 유지, 확대하는 역할을 할 농촌공동체 리더를 첫해 1만 명부터 2030년까지 30만 명을 목표로 육성하고 공익적 역할에 따른 사회·경제적 보장으로 국가에서 급여를 지급"하여 농촌 지역 특성에 맞는 일자리로 농촌공동체 리더 30만 명을 육성하겠다는 포부를 밝혔다.

둘째, "교육 격차 해소를 위해 '농산어촌교육지원특별법'을 제정하고, 의료 걱정 해소를 위해 농촌 지역부터 국공립 거점 병원 구축, 농촌 지역 의료 인력에 대한 인센티브 지원, 보육 걱정 해소를 위해 농어촌 어린이집 국공립화를 추진하겠다"는 공약과, 셋째 "농촌 지역의 보편적 복지 실현을 위해 시군 단위 복지 전담기구로 지자체가 관리하는 '농촌지역통합복지센터'로 복지 인력을 확충, 강화하고 통합적이고, 사각지

대 없는 농촌 지역의 보편적 복지를 실현하겠다"는 공약은 '사
람 사는 복지농촌'을 위한 필수적인 과제를 담은 것이다.


## 농업의 국가 기간산업화를 헌법에 명시하라

한호석 통일학연구소장은 2012년 '이젠 국유화다'라는 기
고문을 통해 제1공화국 헌법에 명시된 중요 산업의 국유화 조
항에 주목했다. 바로 1948년 7월 17일에 제정된 제1공화국 헌
법 제85조와 제87조이다. "광물 기타 중요한 지하자원, 수산
자원, 수력과 경제상 이용할 수 있는 자연력은 국유로 한다.
중요한 운수, 통신, 금융, 보험, 전기, 수리, 수도, 가스 및 공
공성을 가진 기업은 국영 또는 공영으로 한다. 대외무역은 국
가의 통제 하에 둔다"는 내용이다.

한 소장은 제1공화국 헌법에 중요 산업 국유화 조항이 들
어간 이유를 "당시 중국 충칭에 머물던 임시정부가 1941년 11
월 28일에 선포한 「건국강령」에 기초, 1948년에 첫 헌법을 제
정했기 때문"이라고 설명한다. "「건국강령」은 첫 헌법보다 중
요 산업 국유화 관련 조항을 더 자세하고, 구체적으로 명시했
다. 중요 산업 국유화에서는 한발 더 나아가 토지 국유화까지
명시했다"는 것이다.

그는 이런 「건국강령」의 정치 이념은 독립운동가 조소앙이 정립한 삼균주의라고 규정한다. "조소앙의 삼균주의는 8·15해방 직후 여운형이 제시하고, 한국전쟁 직후 조봉암이 추구한 진보적 민주주의와 일맥상통하는 것"으로서 "첫 헌법에 명시된 중요 산업 국유화 강령은 삼균주의 또는 진보적 민주주의의 경제 강령"이라는 해석이다.

한 소장은 다시 조소앙의 삼균주의가 중요 산업 국유화 강령을 받아들이게 된 사회적·역사적 배경에 특히 주목한다. 그는 배경을 두 가지로 설명한다. "하나는 1930년대에 자본주의 시장경제를 세계적 범위에서 파탄시킨 경제공황에서 벗어나기 위한 정치적 전환이었고, 다른 하나는 일제의 식민지 강점에서 벗어나 민주공화국을 건설하기 위한 정치적 전환이었다. 중요 산업 국유화는 경제 강령에 머문 것이 아니라 민주공화국을 건설하는 사회경제적 기초로 인정되었던 것이다."

그는 "중요 산업 국유화 강령이 경제공황에서 벗어나기 위한 정치적 전환과 민주공화국을 건설하기 위한 정치적 전환을 배경으로 하여 등장하였다는 사실"을 강조하며 "극단적 빈부격차와 경제 파탄 위기에서 벗어나 민주공화국의 참된 모습을 찾아야 할 임무가 주어진 오늘 우리 사회에 중대한 의미를 전달해준다"고 호소한다. 즉 "극단적 빈부격차와 경제 파탄 위기에서 벗어나 민주공화국의 참된 모습을 찾기 위해서

농민에게 기본소득을

는 건국강령과 첫 헌법에 명시된 중요 산업 국유화 강령을 오늘의 현실에 맞게 수용하여야 한다"는 것이다.

한 소장은 "국민들로부터 지지를 받는 진보정권이 세워지면 중요 산업 국유화 강령을 헌법에 명시하는 개헌을 추진하게 될 것"이라며 "국가 경제 발전을 좌우하고, 공공성이 매우 큰 산업 부문을 국유화하여야 한다는 원칙은 세월이 흘렀어도 변하지 않았고 이러한 맥락에서 금융, 에너지, 통신, 철강, 교통 운수, 부동산을 국유화해야 할 산업 부문으로 지목할 수 있다"고 주장한다. 또 "국유화 대상을 극단적 빈부격차와 경제 파탄 위기에서 벗어나 전 국민적 복지를 실현할 당면 과업에 부합되게 정할 필요가 있다"면서 "중요 산업을 국유화하는 근본 목적은 국민의 1%에게 집중된 사회적 재부를 국민의 99%에게 공평하게 재분배하는, 국민을 위한 산업구조로 전환, 개편함으로써 전체 국민에게 유족하고 평등한 경제생활을 보장하려는 데 있다"고 강조한다.

그가 금융, 에너지, 통신, 철강, 교통 운수, 부동산을 포함하는 6대 산업 부문 국유화에 집중하면서 농업을 제외시킨 점은 다소 의아스러워 오히려 주목이 된다. 당시는 주로 외국계 자본, 국내 재벌이 지배하고 있는 고부가가치 산업을 고려하고 있어 그런 듯하다. 그런데 그는 "진정으로 국민을 위하고 국민과 소통할 줄 아는 진보 정권이 세워져야 중요 산업 국유화를 추진할 수 있다"고 단언한다. 중요 산업 국유화의 주체는 국민이고, 중요 산업 국유화의 집행자는 진보 정권이라는 것이다. 그러한 진보 정권은 중요 산업 국유화 강령을 헌법에 명시하는 개헌을 추진하게 될 것이다. 물론 국민투표를 통해 추진 여부를 결정하게 된다. 가령 베네수엘라 진보 정권의 경우 국유화 범위를 중요 산업의 30%로 한정하였고, 국유화 방도도 반대 세력과의 정면충돌을 불러올 무상몰수 방식을 피하고 충돌 소지가 적은 유상 구매 방식을 택하였다는 점을 타산지석의 사례로 주목하고 있다. 국유화 추진 속도도 점차적인 온건책을 채택했다.

무엇보다 국유화된 기업을 어떻게 경영하고 관리할 것인가도 숙제다. 기업 경영과 생산관리를 어떻게 민주적으로, 경제 자립의 요구에 맞게 하는가는 더 어려운 과제일 수 있다. 한 소장은 역시 중국 국유기업 사례를 반면교사로 제시하고 있다. 중국의 경우, 2011년을 기준으로 국유기업 비중은 산업 전반의 5분의 4를 차지한다. 10대 국유기업의 총매출액은 8조 5261억 위안으로 10대 사유기업의 총매출액 1조 669억 위안에 비해 8배나 많다. 그런데, 중국의 사유기업이 국유기업에 비해 이익성장률 40% 포인트, 자산회전율 4배 높았다. 자산 대비 부채 비율은 20% 포인트 낮았다. 이는 국유기업의 경영관리에 문제가 있다는 애기다. 정부가 기업 경영을 민주적

농민에게 기본소득을

으로, 경제 자립의 요구에 맞게 통제, 지도하지 않고 방치하였다는 평가다. 국유기업 경영자들의 부정부패가 해마다 확대, 심화되고 있다. 국유기업의 주식시장 편입과 다국적기업화도 치명적 결함으로 지적되고 있다. 역시 타산지석으로 기억해둘 일이다.

그런 의미에서 최근 농업의 국가 기간산업화를 공감하는 범농업계가 나서 농민의 권리와 농업의 가치를 담은 '농민(농업) 헌법'으로 개정하려는 노력은 고무적이다. 농민 단체들이 힘과 뜻을 모은 '농민헌법운동본부', 농협의 '농업 가치 헌법 반영 1000만 서명운동', 농림부의 '농업·농촌 개헌 대응 티에프TF'가 이어지고 있다. 특히 한국농업법학회가 국회에 제출한 헌법 개정 의견서는 구체적이고 실질적이다. 현행 헌법 121조 및 123조의 농업과 관련한 8개의 개정 시안은 "국가는 국민 행복에 기여하는 농어업 및 농어촌의 지속 가능한 발전과 공익적 기능을 제고하라"고 요구한다. 농업계의 오랜 숙원을 농축해 담은 것이다. "단순히 경자유전耕者有田의 원칙 유지·강화, 농업·농촌의 공익적 기능 도입 여부 등 지엽적인 사항에 머무를 게 아니라 보다 근본적인 농업 대책이 될 수 있어야 한다"는 정확한 현실 인식의 발로다.

무엇보다 "국가는 직접 지불의 방법으로 농어민의 농어업 소득을 보전하되, 농어촌 경관 유지 및 생태 환경 보호를 조

건으로 농어촌 거주자의 소득을 특별히 보전할 수 있다"는 조
항이 눈에 가득 들어온다. 농업소득만으로 기초생활도 어려
운 농업과 농촌의 구조악에 빠진 농민들에게 '농민 기본소득'
의 법적 지급 근거를 마련하자는 제안이다.


## 유럽연합의 '공동농업정책'

　유럽공동체의 시작 단계부터 시행된 공동 정책은 바로 '공
동농업정책'이다. 유럽공동체 출범 당시 공동농업정책은 국
가가 농산물 생산 및 가격 형성에 주도적 역할을 했다는 점에
서 다분히 '국가개입주의적'이었다. 1968년 7월 1일 유럽공동
체는 이른바 공동시장을 출범시켰다. 농업 역시 다른 산업 분
야와 마찬가지로 관세동맹에 편입되기는 했지만, 농업이라는
특수성으로 인해 공동체 차원의 개입이 구조적으로 용인됐
다. 또한 기후 조건, 동식물의 질병 등 인간이 통제할 수 없는
자연적 요인과 필연적으로 수급 불균형을 가져올 수밖에 없
는 농산물 시장 특성상, 필수 식료품이 합리적인 가격으로 공
급되도록 국가가 보장해야 한다는 이념적인 요구도 함께 작
용해 유형무형의 국가 개입이 이뤄졌다.
　공동체 출범 당시 식료품을 자급자족하지 못하고 있던 유

럽연합은 국제 농산물 시장에 식량 안보를 내맡기기보다는 공동체 내의 농업 생산 증대를 통해 이를 추구하는 전략을 취했다. 이렇게 탄생한 것이 공동농업정책이다. 이로써 국제가격보다 높은 역내 지지가격을 설정해 생산을 촉진하고, 생산된 농산물은 보장된 가격으로 무제한 공동체에서 사들인다. 과잉생산된 농산물을 해외시장에 판매할 때는 수출보조금을 지급하고, 수입 농산물에 대해서는 국내 농산물과 가격이 동일하게 형성되도록 수입부과금을 매긴다.

한마디로 정부는 구매할 책임이 있으니 농민은 보장된 가격 하에서 생산만 하면 되는 것이다. 수입 농산물은 싼 가격으로 역내 농산물과 경쟁하지 못하게 하는 구조를 만든 것이다. 이런 공동농업정책으로 유럽연합은 짧은 기간 내에 수출까지 할 수 있는 식량 순수출국으로 바뀌었다. 누적된 과잉 농산물은 수출보조금을 지원받으며 수출됐고, 이렇게 수출된 농산물은 미국과 많은 개발도상국 농산물의 수출 시장을 잠식해 들어갔다.

그런데 과잉 농산물 구매와 수출보조금 지급으로 인해 1980년대 후반 농업정책 예산이 공동체 예산의 70%를 차지하게 되었다. 공동체 내 여타 산업 분야와의 균형 문제와 공동체 예산에 기여하는 농업 비중이 적은 국가들에 비해 혜택을 적게 받는 국가 간 수혜 불균형 등을 야기시켜 재정 위기와 함께 회원국 간 대립과 갈등을 초래한 주범으로 작용했다. 이러한 유럽연합 농업정책에 대한 국제적 비난과 재정 위기는 우루과이라운드 농업 협상을 출범시키는 계기가 됐다. 결국 유럽연합은 농산물 과잉생산과 수출보조금 지급의 악순환을 초래한 국가 개입을 점차 축소시키는 방향으로 정책 기조를 전환하였다.

우선 농업 생산에 영향을 미치는 보조금을 축소했다. 가격 지지를 위한 보조금은 70%가 삭감됐고 농업보조금은 농업 생산과는 독립적으로 '직불금' 등 소득보조금 형태로 지급되었다. 또 농산물의 양적 공급을 중시하던 정책에서 탈피하여 식품 안전·품질 제고·환경보호 같은 요건을 강조하고 있다. 이제 유럽연합 농민들은 보조금을 받기 위해서는 이러한 규정들을 준수해야만 한다. 그리고 단순히 농업 문제만으로는 농촌 문제를 풀 수 없다는 인식이 확대되었다. 농업 구조조정을 통한 농업 경쟁력을 제고하게 되었고, 농업·농촌의 국토 관리 기능 지원을 통한 환경과 지역의 발전을 도모했다. 그렇게 농촌 경제의 다각화를 촉진시켜 농촌 지역의 삶의 질을 제고하는 농촌 개발 정책의 중요성을 더 강조하고 있다.

## 중소농 중심의 '공동 농업'부터 시작을

그러나 유럽연합의 공동농업정책을 급히 따라가다 가랑이가 찢어질 우려가 크다. 그전에 충분한 학습과 훈련의 기간이 필요하다. 특히 영세 분산 필지가 고착된 소농, 영세농 중심의 우리 농업 구조 아래에서는 개별 경영의 규모화로는 '10리도 못 가는 발병의 한계'가 빤히 예측된다. 설사 관 주도로 요행히 규모를 확대하고 집단화한다 해도 효율적 경영은 쉽지 않을 것이다. 결국 개별 경영 단위의 규모화로는 농업의 경쟁력 확보는 어렵다는 게 한국 농업의 경험이고 중론이다.

먼저 지역 자원을 종합적으로 활용해 복합화·다각화할 필요가 있다. 복합화·다각화의 경우 개별 경영보다 다수의 구성원이 참여하는 '조직 경영' 방식이 유리할 것이다. 이처럼 개별 경영의 한계를 보완하기 위한 마을 단위 영농 활동의 조직화와 공동 경영을 통해 범위·규모의 경제활동이 가능해 개별 경영체의 영세성이 극복될 수 있다. 여기서 '마을단위 농업공동체'를 제안하는 이유다.

농림부가 추진하는 '마을 단위 농업경영체'는 "농업 비중이 높은 마을 단위로 공동 영농·판매 등을 수행하는 지역 농업 조직을 구성하고, 지역 경제의 구심체로 육성"[18]하는 것이다. 우선 조직화를 통해 지역 자원을 종합적으로 활용하는 지역성을 확보할 수 있다. 또 지역 주민 또는 지역 농협·농업법인 등이 자발적으로 결성하는 공동성도 도모할 수 있다. 나아가 자립성과 지속성을 가질 수 있는 경영 방식으로 수익성도 추구한다. 형태는 민법상 법인·조합, 농업법인, 협동조합 등 다양한 형태의 조직으로 확대가 가능할 것이다. 농림부는 조직화 유형별 모델을 정립, 농업 공동체를 적극 권고, 독려하고 있다.

우선 '생산자 조직 주도형'은 개별 농가가 감당하기 어려운 생산 과정의 일부 또는 전부를 조직화하는 조직화 유형을 말한다. 주로 농협의 계통 출하를 목적으로 하는 품목 조직이나 공동출하, 가공, 유통을 위한 생산자 모임이 주도하는 게 바람직하다. 익산의 소수 전업농 중심의 수벼농사(수도작) 단지인 '한그루영농조합법인'이나 작목반 연합회 중심의 '의성 의로운 쌀 생산자연합회' 등이 대표적 사례다.

'농협 주도형'은 산지유통센터[APC], 미곡종합처리장[RPC]를 중심으로 유통 혹은 생산 부문의 규모화·계열화를 추구하는 지역 농협 중심의 조직화 유형으로써, 농협 중심의 친환경쌀 생산·유통 단지인 용인 원삼농협이 성공적이다. '지자체 주도형'은 중앙정부로부터 투입되는 자금이나 제도를 지역(마을

---

**18** 박주섭·박운선·김윤호·박정운, 「마을 단위 농업경영체 실태와 특성」, 농촌진흥청 농업경영자료, 2012.

단위)과 효과적으로 결합시킨다. 지자체가 직접 유통 등의 경영에 참여하거나 출자를 통해 경영에 참여하는 사례로서 '안성마춤 클러스터'가 지자체 주도의 지역 특화 작목 중심의 생산·유통 조직이라 할 수 있다.

이밖에 '홍성환경농업마을 영농조합법인'에서는 유기농쌀 생산과 도농 교류를 통해 생산은 개별로 실시하고, 자재 구입과 농산물 판매, 교육 등은 조합이 담당하는 '부분적 공동경영'을 시행하고 있다. 순천농협 직영농장은 농협이 직영농장을 운영하여 친환경 농산물을 생산하는 사례로서, 농협이 시설과 노지 채소 45ha는 직영하고, 쌀 100ha는 매뉴얼을 보급, 생산 공정만을 관리하는 '지역 단위 영농조합'이다. 또 김제시의 '장돌친환경쌀 영농조합법인'은 농지를 단지화해 공동 작업, 공동 판매, 공동 정산 방식으로 운영하고 있는데, 친환경쌀 생산 조합이 모태가 되어 마을 전체와 인근 농가를 포함한 39농가(89ha)가 참여하고 있다.

농림부와 별도로, 경북도에서는 '경북형 마을 영농 육성사업'을 시행하고 있다. 농지는 개인 소유, 경작은 마을 단위 공동이 특징이다. 마을 단위의 경작을 통해 운영 비용을 대폭 줄여 농업 경쟁력을 높이려는 게 목적이다. 이는 일본의 '집락영농集落營農'의 성공 사례를 국내 최초로 벤치마킹해 경북 지역의 농업 특성에 맞게 개량, 시범적으로 실시하는 사업이다. 마을 영농의 형태는 경영 주체에 따라 마을 주도형, 농협 주도형, 기업 주도형 등으로 분류된다. 마을 영농은 기존의 개별 소유와 개별 관리 방식의 영농을 농지 소유자와 이용자로 분리하여 농지 및 농기계 공동 이용, 작업별 노동력 집중 투입 등을 통해 생산 비용을 최소화하고 마을 전체의 농업 경쟁력을 높여나가는 것이 최종 목표다. 경북도가 지원하는 3억 원 내외의 사업비는 마을 영농을 운영하는 전문 경영인이나 농기계 운영자 등의 인건비, 농기계 창고, 저장 시설, 공동 농기계 구입비 등 사업 대상 마을의 실정과 필요에 따라 사용된다.

이 정책의 기대 효과는 마을 단위로 농지의 단지화가 가능하기 때문에 농지 규모화의 효과가 직접적으로 나타난다. 지역의 농지 보전과 관리에도 효과적이다. 또 영세한 농가가 공동으로 조직화하면 농업의 지속성도 증가한다. 단기적으로 농업 생산 유지를 통해 경작 포기지 발생을 방지한다. 장기적으로는 지역 단위의 후계자 확보 대책으로 기능할 수 있다. 농지의 단지화, 농기계 공동 이용으로 비용도 절감된다. 일본의 경우, 평균 0.8ha(벼 48a, 콩 32a)의 경지면적을 가진 37호(총 면적 30ha)가 각각 개별 경영을 한 경우의 전체 비용은 1억 2140만 엔이나, 마을 영농의 경우 개별 경영의 45%(5500만 엔) 수준으로 비용이 절감된 사례를 확인할 수 있다.

# 8

# 공익농민을 위하여

{ 공익농민화의 전략과 방안 }

## 청년을 '공익영농요원'으로

청년을 '공익영농요원'으로 선발, 지원하는 '청년 공익영
농요원제'를 실시하자. 이 제도는 무엇보다 현재 농림부에서
시행하고 있는 '후계농업인 육성정책'을 확대, 강화하는 방안
과 얼마든지 연계할 수 있다. 기존 후계농업인 육성 정책은 농
림부를 비롯한 농업 관련 기관에서 추진하는 농업 및 농촌의
인력 개발 사업이다. 정예 영농 인력의 확보와 농촌 발전을 주
도할 농업 인력 육성 필요성이 대두되어 1981년 농업인 후계
자 육성 사업이 실시되고 있다. 신청 자격 및 요건은 만 18세
이상 만 50세 미만인 자로, 병역필·병역면제자(여성 포함) 또

는 산업기능요원 편입 대상자이다. 영농에 종사한 경력이 없거나 종사한 지 10년이 지나지 않으면 지원할 수 있다.

| | | 설계안 | 대상 | 범위 | 지원 | 특징 |
|---|---|---|---|---|---|---|
| **농민 공익농민화 설계안** | | | | | | |
| 1단계 | 1안 | 청년 공익영농요원제 | 만 18~50세 공익영농요원 | 청장년 10만 명 (5년 이상) | 월 기본소득 급여 외 정책 지원 우대 | * 병역특례 대체복무 연계 |
| | 2안 | 농촌공동체 활동가 | 농민 및 비농민 농촌공동체 활동가 | 활동가 30만 명 | | * 공익농민 기본소득 지원 대상 |
| 2단계 | | 공익 농업경영체 | 모든 농민 | 농민 300만 명 | | |

나아가 기존의 '병역특례 후계농업인 산업기능요원 제도'도 확대, 연계가 가능하다. 현재 농어민후계자 및 영농기술요원들에 병역 특례를 허용하고 있다. 후계농업인 산업기능요원은 '농촌 인력난 해소와 농업 전문 인력 육성을 목적으로 현역 입영 대상자 또는 공익근무요원 소집 대상 보충역 중 영농 정착 의욕이 높은 자'를 농업에 종사하도록 하기 위한 대체복무 제도이다. 자격 기준은 지역에 영농 기반(0.5ha 이상)을 가지고 있으면서 농업에 종사하고 있는 사람이거나 종사하고자 하는 사람 중, 후계 농업경영인 선정자여야 한다. 또한 형제 중 후계 농업인 병역특례 대상자가 없으면 가능하다.

# ■ 자립형 소농 10만 명을 기르자

농촌의 문제는 단순하지 않다. 구조적이며 복합적이다. 구조적인 문제들은 한결같이 본질적이고, 복합적인 문제들은 틀림없이 현상적이다. 구조적 문제는 뿌리 깊고 고질적이라 해법에 본질적 한계를 각오하고 있다. 복합적 문제는 복잡다단하고 다종다양해 다수의 공감대를 짚어내기 쉽지 않다.

농산업 본래의 태생적 저부가가치성, 농산물 유통 시스템의 전근대성, 비교열위의 대외경쟁력, 소농 중심 생계형 생산 기반 구조, 가용 노동력 급감, 노령인구 점증, 전통 농경문화 훼손, 농민의 자구의지 상실 및 생존 무력감 만연 등으로 농촌공동체는 골다공증을 앓고 있다.

관료적이고 전근대적인 기존의 대책으로는 실패의 악순환 고리만 더 길어질 게 뻔하다. 정부는 오로지 가해자이고, 농민은 순전히 피해자라고만 할 수는 없다. 무책임한 양비론으로 심판이나 보자는 게 아니다. 우리 모두 같이 고민해보자는 진심이다.

경남 창녕군 영산면 구계리는 우리 농촌문제의 훌륭한 표본이다. 마을 주민 중 60% 이상이 65세 이상의 이른바 노인이다. 홀로 사는 독거노인도 적지 않다. 빈집은 이가 빠진 듯 거슬린다. 산골 다랭이논에 기대는 벼농사는 연간 소득의 10분의 1밖에 생산하지 못한다. 소득의 절반 이상을 태풍 피해 복구 공사판에서 품을 팔아 충당했다. 농촌 경제가 아니라 조경회사나 인력송출회사의 매출 구조다. 전형적인 저부가가치 작물인 단감 농사는 하던 농사니 계속 하고 있다. 마을 뒷산을 타고 다니며 산나물이나 송이버섯을 따서 팔아야 먹고 살 수 있다.

이런 마을에 정부에서 농촌개발사업을 시범적으로 시행해보겠다고 나섰다. 수십억 원의 사업비를 써야 하는 정부도, 개발의 마스터플랜을 그려내야 하는 개발사업자도 난제일 것이다. 마을 사람들도 그저 좋기만 하지는 않을 것이다. "사업비를 차라리 돈으로 나눠주면 어떤가. 다른 마을처럼 어설프게 개발하느니 그대로 봐두는 게, 더 농촌스럽고 친환경적일 게 아닌가" 하는 자조와 우려가 무성하다. 정부의 사업 목적이나 개발업자의 자세가 틀렸다기보다, 농촌의 입장과 조건이 그만큼 어렵다고 목청을 높이는 것이다.

그렇다고 농촌과 농업의 처지를 아무 대책 없이 방치할 수는 없다. 어쨌든 농촌·농업 지원책은 자꾸 기획되고 시행되어야 마땅하다. 농촌은 국가공동체의 존립 기반이고, 농업은 국가안보의 보루이자 국민의 생명을 담보하기 때문이다.

세상사 문제의 핵심이 대개 사람이듯, 해법의 본질도 사람으로부터 찾는 게 좋을 것이다. 오늘날 농촌의 문제나 현상을 웅변하는 가장 현저한 장면이 무엇인가. 농촌 경제의 노동력, 농촌공동체에서 물심일체의 생산성과 창조성을 책임져야 할 청장년층의 부재 아닌가.

'자립형 10만 농군'을 길러내자. 대도시에 기형적으로 집중돼 결국 도시문제의 원인이 되고 있는 청장년층을 농촌으로 이주, 분산시키자. 농촌에서, 농업을 생업 현장이자 삶의 터전으로 삼도록 기회를 만들어주자. 그들에게 천지 사방에 놀리고 있는 농토를 경작하게 하자. 살 집도 빌려주고 영농·생계자금도 지원해주자. 농산물은 우선 정부에서 제값 쳐서 팔아주자. 이른바 '자립형 소농 10만 농군'이 우리 농촌을 지탱하고 살아간다면, 문제의 실마리는 풀리지 않겠는가.

그리고 '현재의 농촌 마을 중심의 하드웨어'가 아닌 '미래의 자발적 농민 중심의 소프트웨어'로 틀을 새로 짜자. 그렇게 새로운 정책과 사업의 패러다임으로 다시 해보자. 속도와 개발 일변도의 계량적 성장 이데올로기가 행복을 선물한다는 착각에서 이제 깨어나자. 그래서 유기적이고 연기적인 생태공동체와 생명 중시 이데올로기가 사람 사는 세상을 보장한다는 제 정신으로 다투어 돌아가자. 스스로 먼저 마음을 놓치지 않으면, 세상에 '이미 때가 늦었다'는 말은 없다.

—정기석(2004. 10. 28), <한겨레>

## 농촌 주민을 '농촌공동체 활동가'로

2012년 당시 통합진보당은 총선 공약으로 '농촌공동체 리더' 30만 명 육성을 제안한 바 있다. 농촌 지역 특성에 맞는 일자리를 창출해 농촌공동체 리더 30만 명을 육성하겠다는 것이다. 이들 농촌공동체 활동가들을 통해 중소농 협업공동체를 결성하고, 생태농업으로 단계적 전환을 선도하겠다는 뜻이었다. 결국 농업의 공익적 가치를 유지하고 확대하는 역할을 전국 각지의 농촌공동체 리더에게 맡긴다는 목적이기도 했다. 나는 여기에 덧붙여 농촌공동체 활동가의 개념과 목적을 확장할 필요가 있다고 생각한다. 이들의 공익적 역할은 단지 농업에만 국한될 필요가 없는 것 아니겠는가. 독일 등 유럽연합의 공동농업정책$^{CAP}$이 추구하는 대로, '돈 버는 농업'만이 아닌 '사람 사는 농촌'이 곧 미래 농정이 지향하는 최선의 농정 가치가 되어야 한다고 믿는다. 이런 관점에서 농민뿐 아니라, 농업 외에 농업을 지원하거나 농촌공동체를 가꾸고 지키는 다양한 직종과 역할의 활동가들까지 '농촌공동체 활동가'로 지원해야 하는 명분과 타당성은 충분하다.

이른바 '농촌공동체 활동가'로서의 기본적인 자격 및 요건은 '청년 공익영농요원제'에 준하는 기준을 적용할 수 있을 것이다. 즉, 현재 만 18세 이상 만 50세 미만인 자로서 농촌공동체 활동을 성실하고 책임 있게 수행할 역량과 자질을 가진 자 가운데 소정의 공모와 심사 절차(예를 들어, 농림부의 농촌 체험휴양마을 사무장 제도)를 거쳐 선발할 수 있을 것이다. 선발된 농촌공동체 활동가들이 수행할 공익적 역할에 상응하는 사회적·경제적 보상책은 국가가 급여 형식으로 지급하면 된다. 영농자금, 창업자금, 교육, 컨설팅 등 정책적 지원을 우대하는 것은 물론이다.

# ■ 마을시민으로 사는 법

농사는 고됩니다. 농업은 간단하지 않습니다. 오래된 농부는 수행하는 구도자를 닮았습니다.

많은 귀농인들은 '자립형 소농'을 꿈꿉니다. 자발적 가난을 각오합니다. 농사를 전업 삼는 생태귀농은 친보적이고 도덕적입니다. 깨끗하고 아름답습니다. 다만 실용적이기도 하고 지속가능하기까지 하면 정말 좋겠습니다.

오늘날 생활이란 현실은 귀농인이 하방한 마을까지 따라붙습니다. 처자식을 먹여 살리는 가장으로서의 책무는 늘 무겁습니다. 불의에 맞서고 약자를 보살피는 인간의 품격이나 예의조차 챙기기 버거울 때가 있습니다. 마음보다 몸이 저지르는 짓들입니다.

도시의 소시민들은 도시라는 아사리판을 벗어나고 싶습니다. 대한민국 현대 자본주의의 그 난민촌을 탈출하고 싶습니다. 자발적 유배라도 떠나고 싶습니다. 어서 사람 사는 마을로 내려가 사람 행세를 하고 싶습니다. 귀농하고 싶습니다.

다만 농사지어 먹고살 자신이 없습니다. 소농으로 자립할 기술도 모자랍니다. 날로 돈은 떨어지고 힘은 빠집니다. 젊은 날의 용기와 지혜마저 옅어지고 흩어집니다. 앞날이 불안합니다.

그럴 때, 방법이 있습니다. 어설픈 낫과 호미보다, 저마다 도시의 소시민으로 용케 버티면서 챙겨둔 생활의 농기구를 꺼내 드는 겁니다. 치열한 도시의 직업전선에서 갈고닦은 경험, 기술, 노하우, 지식 정보 같은 빛나는 무형자산 말입니다.

이 생활의 무기들만 잘 챙겨 짐을 꾸리면 당당히 귀농할 수 있습니다. 지역공동체의 구성원으로, 외지인이나 주변인이 아닌 주체적인 마을의 시민으로 나설 수 있습니다. 예측 가능하고 지속가능한 '생활귀농'이 가능합니다.

무엇보다 농부들만 모여 사는 마을은 온전하지도 않습니다. 다채롭지 않습니다. 건강하지 않습니다. 재미가 없습니다.

모름지기 마을이라면 농부는 물론, 교사, 예술인, 연구원, 작가, 운동가, 성직자, 기업가, 기술자, 상인이 한데 어우러져야 합니다. 그래야 마을은 우주가 될 수 있습니다. 내가 남보다 더 많이 가져 짐이 되는 욕심과 욕망들을, 서로 나누고 덜어줄 수 있게 됩니다. 마침내 평화롭고 행복한 대동사회가 이루어집니다.

여기 '작고 낮고 느린, 오래된 미래마을'로 나아가는 또 하나의 길이 있습니다. 농사짓지 않는 귀농인으로, 소시민이나 농민이 아닌 '마을시민'으로 사는 새 길입니다.

—정기석, 『농촌·귀농 컨설턴트 정기석의 마을시민으로 사는 법』, 소나무, 2011

## '공익농업경영체'를 함께

현행 '농업경영체'란 2009년 '농어업경영체 육성 및 지원에 관한 법률'을 제정, 농림부에서 농지 원부를 없애고 이를 전산화한 '농업경영체 등록'으로 대체하면서 도입된 개념이다. 주관 기관인 농산물품질관리원은 "농업 문제의 핵심인 구조 개선과 농가소득 문제 등을 해결하기 위해서는 평준화된 지원 정책에서 탈피, 맞춤형 농정을 추진할 필요가 있다"고 제도 도입의 취지를 설명하고 있다. 경영체 단위의 개별 정보를 통합·관리함으로써 정책 사업과 재정 집행의 효율성을 제고하겠다는 것이다.

하지만 여기서 제안하는 '공익농업경영체'는 농정 집행 현장에서 자칫 '맞춤형 농정'이 '차별화 농정'과 혼동될 수 있는 위험을 제거하려는 취지다. 개별 농업경영체의 특성과 형편에 맞는 '맞춤형 지원'도 필요하지만, '공익농민 기본소득'처럼 기본적이고 보편적인 정책 지원에서 소외되거나 차별받는 농업경영체가 없도록 하려는 목적이 큰 것이다. 즉 '공익농업경영체'는 '공익농민 기본소득제'의 지원 대상인 '모든 농민'과 동일한 개념으로 규정할 수 있다. '공익농업경영체'의 신청 자격은 기존 농업경영체 신청 자격과 동일하다. 즉, 경영 또는 경작 농지가 1000㎡(302.5평) 이상, 농산물 연간 판매액이 120만 원 이상, 1년 중 90일 이상 농업에 종사 등의 요건 중 하나 이상의 항목에 해당하는 농업인이다. 한마디로 정리하자면, 기업화된 농업법인을 제외한 '모든 개별 농업인'이 수혜를 받을 수 있도록 하자는 것이다.

## 공익농민 기본소득제 실행 모델

　'공익농민Public Peasant'의 발원지는 10여 년 전으로 거슬러 올라간다. 지난 2007년 전농(전국농민회총연맹)은 '17대 대통령 선거 핵심 농업정책 요구안'을 발표했다. 여기에서 '식량 주권과 다원적 기능을 제공하는 농업·농민들에 대한 정당한 보상'을 위해 농업을 공공산업으로 법제화시킬 것을 요구했다. 그리고 '공익농민 제도'를 도입할 것을 제안했다. 이른바 '공익농민제'는 '국가 기간산업인 농업에 복무하며 식량 주권을 지키는 농민에 대해 준공무원 대우를 하고 월 급여를 지급하는 일종의 국가책임 농민제도'라 할 수 있다.

　당시 전농은 구체적인 실천 방법으로 3년간 30만 명(당시 전체 농민의 10% 수준)의 공익농민을 육성하고 지원할 것을 목표로 삼았다. 단계적으로는 100만 명까지 공익농민을 육성하겠다는 중장기 계획을 세웠다. 그렇게 되면, 적어도 농민 3명 중 1명, 어림잡아 농가당 1명은 '월급 받는 공무원 같은 공익농민'의 대접을 받게 되는 셈이다.

　이 파격적인 제도의 기대 효과는 상당하고 뚜렷한 것이었다. 이를 통해 농업과 농민의 사회적 지위 향상, 신규 농업인력 유입, 소득 안정 등의 효과를 거둘 수 있다. 그러나 당시 보수적인 수구 정치권은 농민들의 목소리에 전혀 귀를 기울이

지 않았다. 제도의 취지와 진실을 도무지 이해하려 하지 않았다. 당연히 교감하거나 공감할 수 없었다. 그나마 귀를 열어놓은 진보 세력에게는 집권하기 전에는 받아들일 수 없는 사실상 비현실적인 제안이었다.

그러나 오늘날 나라 밖의 사정은 다르다. 2013년 스위스에서는 모든 성인에게 기본소득을 보장하자는 '기본소득제' 국민 발의 법안이 의회에 제출되기도 했다. 취업 여부나 소득 수준 등에 관계없이 전 국민에게 최소한의 생활이 가능한 수준의 기본소득을 국가가 지급하자는 것이다. 핀란드, 네덜란드 등도 실행을 추진하고 있다. 우리나라도 이미 기본소득제가 세간의 화두로 떠오른 지 오래다.

이미 2007년 대선에서 사회당의 대통령 후보가 기본소득 제도 도입을 자신의 첫 번째 공약으로 제시한 바 있다. 2017년 대선 당시에는 유력한 여권 대통령 후보군이었던 이재명 성남시장이 기본소득을 핵심 공약으로 삼았고, 정의당 심상정 후보의 농민 기본소득 공약이 농촌의 마을마다 현수막으로 내걸리기에 이르렀다. 이론적인 차원에서는 강남훈 한신대 경제학과 교수와 곽노완 서울시립대 도시인문학연구소 교수가 기본소득한국네트워크[BIKN]를 발판으로 기본소득 연구에 천착하고 있다. 한국에서 정책화할 수 있는 기본소득 제도 모델을 개발해 그 명분과 효용, 가치를 전파하고 있다.

이쯤에서 당당히 '공익농민 기본소득제'를 다시 꺼내든다. 실천의 선행조건으로 국가 기간산업으로서 농업의 공익적 다원 기능 법제화, 식량자급률 법제화, 농지 공개념화 등이 더불어 실현되어야 한다. 농업을 잘 모르는 이들은 당장 재정을 걱정하며 핑계 삼는다. 비현실적인 발상이라며 이해와 공감보다는 비판과 반론에 집중하는 모양새다. 그들은 기본소득제를 제대로 공부해보지 않은 이들이다. 무엇보다 이 세상의 모든 새로운 제도는 실현되기 전에는 다 비현실적이었다.

지금 우리 농업이 처해 있는 식량 주권의 위기, 농민의 생존권 위협을 해소하기 위한 묘책은 달리 없는 듯하다. 정부는 골치 아픈 농업과 농민들을 들판에서 몰아내기 위해 손쉬운 개방 농정과 살농 정책을 고수하고 있다. 우리 농업의 현실은 예정된 극한으로 치닫는 한계 상황의 과정일 뿐이다. 발상의 전환, 패러다임의 전환을 통한 근원적 처방이 절실하다. 나아가 '공익농민 기본소득제'를 넘어서는 더 근본적이고 합리적이고 효과적인 방법이 나타나기를 기대한다.

지금 우리 국민들에게는 식량 주권과 국민의 생존권을 지키는 지속가능한 대안 농정이 필요하다. '공익농민 기본소득제'를 검토하고 연구하고 개발할 이유는 이미 충분하다. 이제 실행 모델이 필요할 뿐이다. 다음은 '공익농민 기본소득제'에 대한 3단계 실행 설계안이다.

농민에게 기본소득을

## 공익농민 기본소득제 추진 단계별 실행 모델 설계안

| 설계안 | | 대상 | 범위 | 월 급여 | 연간 예산 | 특징 |
|---|---|---|---|---|---|---|
| **1단계** | 1-1안<br>청년<br>공익영농요원제 | 만 18~50세<br>공익<br>영농요원 | 청장년<br>10만 명<br>(5년 이상) | 150만 원 | 1조 8천억 원 | *병역특례<br>대체복무<br>연계<br>*〈공익영농<br>요원법〉<br>제정 |
| | 1-2안<br>지역 단위<br>공익농민<br>기본소득제 | 특정 지역<br>농민 | 지역 농민<br>2만 명 | 50만 원 | 1200억 원 | *〈지역농민<br>기본소득<br>지원조례〉<br>제정 |
| **2단계** | 2-1안<br>영세농<br>기초생활연금제 | '소득인정액'<br>하위 30%<br>농민 | 영세농<br>90만 명 | 50만 원 | 5조 4천억 원 | *〈농민 기초<br>생활보장법〉<br>제정 |
| | 2-2안<br>고령농<br>기초생활연금제 | 65세 이상<br>고령농 | 고령 농민<br>90만 명 | 50만 원 | 5조 4천억 원 | |
| **3단계** | 국가 단위<br>공익농민<br>기본소득제 | 모든<br>농민 | 농민<br>300만 명 | 50만 원 | 18조 원 | *〈농민 기본<br>소득법〉<br>제정 |

## '청년 공익영농요원제'로 물꼬를

　일단, 농림부의 '후계농업인 육성 정책'을 확대·강화하는
방식의 '청년 공익영농요원제'를 통해 공익농민 기본소득제

의 물꼬를 트자. 현재 후계 농업경영인 신청 자격 및 요건은 만 18세 이상 만 50세 미만인 자, 병역필·병역면제자(여성 포함) 또는 산업기능요원 편입 대상자로서, 영농에 종사한 경력이 없거나 종사한 지 10년이 지나지 않으면 된다. 또 대학의 농업 관련 학과, 농업계 고등학교를 졸업했거나 시장·군수·구청장이 인정한 농업 교육기관에서 관련 교육을 이수한 자로서 농어업 경영체 육성 및 지원에 관한 법률 제4조에 따라 농업 경영 정보를 등록한 농업인(등록 예정자 포함)이 해당된다. 후계농업인으로 선발되면 농지 구입, 시설 설치, 가공 시설, 초기 운영 등에 소요되는 창업 기반 조성 비용이 지원된다. 농업 교육·컨설팅 비용도 지원받을 수 있다.

따라서 기존의 후계농 육성 정책을 발전시킨 '청년 공익영농요원제'는 기존 후계농업인에게 초기 일정 기간(예를 들어, 10년) 동안 정착비 개념으로 급여 형태의 보조금을 지급하는 걸 제도의 골자로 한다. 일본이 2012년 4월부터 시행하고 있는 '신규취농종합지원사업'의 선례를 비교해 참고할 수 있다. 일본은 45세 이하의 청년 취농자에게 준비 기간(2년)과 독립 기간(5년) 등 총 7년에 걸쳐 급여 형태의 보조금을 지급하는 '농업차세대인재투자자금(구 청년취농급부금)' 제도를 시행하고 있다. 지급액은 연간 150만 엔(약 2200만 원)이다. 단 급여를 받은 기간의 1.5배(최소 2년) 기간 동안 독립·자영농으로 농업에 종사해야 한다는 조건이다. 총 수급액은 1억 5000만 원 이상이다. 다만 연소득이 250만 엔을 초과하는 경우에는 지급 대상에서 제외한다.

2010년을 기준으로 일본 농부의 평균 연령은 66.1세로 65세 이상 고령자 비율은 61.4%에 달한다. 농업 취업자는 260만 명이지만 10년이 지나면 100만 명 이하로 줄어들 전망이다. 게다가 일본 농토 가운데 10% 정도는 일손이 부족해 경작이 되지 않는 형편이다. 일본 정부는 이 같은 농업의 붕괴와 농촌 인구의 감소를 막기 위해 농업 취업 희망자에게 월급을 주기로 결정한 것이다. 일본 정부는 이 제도 시행으로 당시 1만 명 정도의 농업 신규 취업자가 2배 수준인 2만 명으로 증가할 것으로 예측했었다.

유럽연합에서 2014년부터 시행하고 있는 '젊은 농업인 직불금' 지원제도 역시 청년 농업인을 상대적으로 우대하고 있다. 앞에서 언급했듯이 이 제도의 연간 예산 규모는 8억 5600만 유로(약 1조 3000억 원) 규모에 달한다. 여기에 젊은 농업인에게는 직불금 외에도 공유지 임대, 농업 시설물 설비 보조금 10%도 따로 지원된다.

## '병역특례 후계농업인 산업기능요원'도 확충

아울러 '청년 공익영농요원제'와 관련해 기존의 '병역특례 후계농업인 산업기능요원 제도'도 확대, 연계하면 효과적일 것이다. 현재 농어민후계자 및 영농기술요원들에게는 병역특례를 허용하고 있다. 이른바 병역특례 후계농업인 산업기능 요원은 '농촌 인력난 해소와 농업 전문 인력 육성을 목적으로 현역 입영 대상자 또는 공익근무요원 소집 대상 보충역 중 영농 정착 의욕이 높은 자를 농업에 종사'하도록 하기 위한 일종의 대체복무 제도이다.

법령상 공식 명칭은 '<산업기능요원>의 농업분야 종사자' 이다. 산업기능요원 중 농업 분야의 경우 자격 기준은 지역에 영농 기반(0.5ha 이상)을 가지고 있는 농업에 종사하고 있는 사람이거나 종사하고자 하는 사람이다. 후계 농업경영인 선정자이거나 형제 중 후계농업인 병역특례 대상자가 없어야 한다. 1970년부터 정부의 중공업 및 수출산업 육성정책 중심으로 경제 개발 정책이 수행되면서 젊은 층의 농촌 이탈로 인한 농가인구 감소, 고령화 등 심각한 농어촌 문제가 발생했고 그에 대한 대책으로 시행된 것이다. 1993년에 농어촌의 장기적 발전과 농어민후계자 등 농어촌 산업 인력을 적극 육성, 지원하기 위해 법이 제정되었다.

농업 현장에서 산업기능요원이 필요한 이유는 농촌의 심각한 고령화 때문이다. 농촌의 영농인구 연령이 높아지는 데 비해 청년 후계농업인의 유입은 줄어들면서 정작 농사를 지을 수 있는 농민이 부족하기 때문이다. 통계청 자료를 보면 65세 이상 농가인구 비율은 2012년 35.6%, 2013년 36.7%, 2014년 37.8%, 2015년 38.4%에 이어 마침내 2016년에는 40.3%로 40%대를 넘어섰다. 먹을거리와 더불어 식량 안보를 지키기 위해서는 전문적인 청년 후계농업인이 필요하다는 공감대가 그 어느 산업보다 클 수밖에 없다.

<한국농어민신문> 조영규 기자는 "농업이 갖고 있는 특수성상 군대에 입대할 경우 군 복무 기간 동안 영농이 단절돼 개인의 농업 기반이 무너질 수 있는 만큼 영농을 유지할 수 있는 방안이 필요하다"[19]고 주장한다. 그 해결책이 농업 분야의 산업기능요원 제도가 될 수 있다는 의견이다. 문제는 농업 분야에 할당된 산업기능요원이 부족하다는 점이다. 병무청에 따르면 산업기능요원 모집 인원에 따른 농·어업 분야 할당량은 2010년에 8300명(현역·보충역) 중 262명, 2011년은 5500명 중 276명, 2012년은 7000명 중 244명, 2013년은 7000명 중 264명에 불과한 것으로 조사됐다. 2014년에는 8000명 중 306

19    조영규, 「후계농업인, 산업기능요원제 지원 기회 넓혀야」, 〈한국농어민신문〉, 2014. 2. 3.

명이 농업 분야의 산업기능요원으로 할당됐다. 농업 분야의 산업기능요원 비중이 고작 3%대에 머물고 있는 것이다.

**'지역 단위'부터 공익농민 기본소득제를 실시해야**

본격적이고 총체적인 국가적 차원의 '공익농민 기본소득제' 시행이 기술적으로 또는 정치적으로 당장 어렵다면, 도 단위 또는 시군 단위에서 먼저 시범적으로 제도를 실행하면 된다. 이때 소요 예산, 농민 수 등의 지역 단위 특정 조건을 감안해 지역의 농민 전부를 대상으로 할지, 농가소득이나 낙후 정도 등을 기준으로 일부 하위 계층에 대해 우선 시행할지 여부는 합리적으로 판단하면 된다.

'지역 단위 공익농민 기본소득제'의 실행 요건은, '특정 광역지자체 또는 기초지자체(시군)의 농민'에게 매월 일정한 금액의 월급을 지급하는 방식이다. 가령 농민 1인당 매월 50만 원씩 지급한다면, 대상 농민 2만 명 기준으로 연간 1200억 원의 재원이 필요하다. 가령 충남 홍성군의 경우, 2010년 기준으로 전체 인구 8만 9603명 가운데 31.5%인 2만 8274명이 농민(농가인구)이다. 이들에게 50만 원씩 월급 기본소득을 지급한다면 연간 약 1697억 원의 예산이 필요하다. 이는 홍성군의

2012년도 세입 예산 총액 5180억 원의 32.8%에 해당하는 금액이다.

자본주의의 종주국 미국조차 알래스카주라는 지역 단위에서는 이미 자체적으로 기본소득제를 실시하고 있다는 건 주목할 만한 사례다. 브라질 상파울루의 산토안토니오도피냘 Santo Antônio do Pinhal에서는 2009년 11월 12일자로 '지역 기본소득법'이 의회를 통과했다. 시에 속한 시골 마을 콰팅가벨루 quatinga velho는 2009년부터 비정부 시민단체가 해당 주민들에게 시범 프로그램을 진행하고 있다.

## '영세농', '고령농'부터 기초생활연금제로

우리나라 국민연금 제도는 1988년부터 시행되었다. 하지만 30여 년이 지난 지금도 여전히 불완전하고 불충분하다. 제도를 도입한 궁극의 목적이었을 안정된 노후 보장과는 거리가 멀다. 기존에는 하위 소득 70%인 노인층에게 매월 최고 9만 6800원(부부는 15만 4900원)의 기초노령연금이 지급되었을 뿐이다. 2014년 7월부터는 최대 월 20만 원으로 지원이 강화된 기초연금 제도로 전환되기는 했지만, 대다수 국민들의 노후는 여전히 불안하고 막막하다.

그래서 이른바 '저소득 농민 기초생활 연금제' 같은 기본소득 제도가 절실하다. 기초연금 제도가 일종의 '노인 연금제'라면, '저소득 농민 기초생활 연금제'란 일종의 '농민 연금제'라 부를 수 있을 것이다. 가계가 빈곤하고 사회적 신분이 취약한 농민의 기초생활을 보장하겠다는 취지다. 기본적인 실행 요건은, 농민 가운데 가구의 '소득인정액'이 '선정 기준액' 이하(소득 하위 30%)인 자가 해당된다. 여기에서 '소득인정액'이란 월 소득 평가액과 재산의 월 소득 환산액을 합산한 금액을 말한다. 이때 기왕의 국민연금 수급 여부나 금액과는 무관하다. 하지만, 공무원연금, 사립학교교직원연금, 군인연금, 별정우체국연금 수급권자 및 그 배우자는 원칙적으로 연금 수급 대상에서 제외하는 게 합리적이고 공정할 것이다.

아울러 우리 사회 취약계층의 표본 집단인 '고령 농민'에 대한 기초생활 연금제도가 필요하다. 현재 만 65세 이상 고령 농업인에게는 '농지연금' 제도가 시행되고 있다. 소유한 농지를 담보로 노후 생활 안정 자금을 매월 연금 형식으로 지급한다. "농지 자산을 유동화하여 노후 생활 자금이 부족한 고령 농업인의 노후 생활 안정 지원으로 농촌 사회의 사회 안전망을 확충하고 유지하겠다"는 취지와 목적은 '한국농어촌공사 및 농지관리기금법'에 근거한다. 하지만 농지 소유자를 대상으로 하고 있어 농지를 소유하지 못한 대다수 소농, 영세농에 대한 지원은 제한적, 차별적일 수밖에 없다.

또한 기존의 기초연금 제도가 일종의 '노인 연금제'라면, '고령농 기초생활 연금제'란 일종의 노인에 특화된 '농민 연금제'라는 의미를 부여할 수 있을 것이다. 특히 노동력이 취약하고 불안정해 농업을 통한 안정적 수입 창출이 어려운 '고령농'의 기초생활을 국가와 사회에서 보장해줄 필요가 있다. 실행 요건은 까다롭지 않아야 한다. 농민 가운데 65세 이상의 고령농을 지급 대상으로 한다. 2016년 말 기준 전체 농민 가운데 65세 이상의 고령농이 40%를 넘는다. 독일의 농부는 65세가 되면 은퇴하고 자녀에게 농사를 물려준다. 이후 연금으로 충분히 생활할 수 있기 때문이다.


### '국가 단위'로 공익농민 기본소득제 완성

공익농민 기본소득제는 어렵지 않다. 간단하다. '모든 농민'에게 자격이나 조건을 따지지 않고 무조건, 공평하게 일정한 소득을 보장하면 된다. 기본소득의 당초 기본 정신에 충실하게 '보편성(빈부 차별 없이)', '무조건성(농사 규모에 상관없이)', '개별성(개인별로)', 이 세 가지 조건을 지키면 된다. 지난날 민주노동당, 녹색당 등이 몇 번의 선거공약에서 제안한 사례도

이와 크게 다르지 않다.

지난날, 민주노동당은 '국가 고용 공익농민제'를 대선과 총선 선거공약으로 제안한 적이 있다. '살농 정책'과 고령화로 농업인구가 절대 감소 추세이고 농촌에 농사지을 인력이 없는 현실을 타개해보려는 혁신적인 대안이었다. "국가가 농업 종사자를 고용해 초기 5년간 30만 명, 장기적으로 100만 명의 공익농민을 육성하겠다는 것으로, 급여 개념의 인센티브를 제공하면서 지역 농민을 조직화해 협업화를 추진하겠다"는 게 주요 내용이다. 정책의 기대 효과는 농업인의 급여를 보장함으로써 절대 부족한 청년 농업인구를 육성하고 생활의 안정을 도모하려는 것이다. 실현 가능성 여부를 떠나 국가 기간산업인 농업을 지키는 농민에게 '공익농민'이라는 지위와 대접을 부여하자는 제안은 명분도 실리도 있는 제도라고 평가할 만하다.

전국농민회총연맹 등 농민 단체들은 '농민 기본소득 보장제' 도입을 요구한다. 농민이라면 누구에게나 월급처럼 매월 일정액의 기본소득을 지급하자는 것이다. 이는 기왕의 농민 소득 수준에 따라 수급 여부와 수급액이 달라지는 '기초생활 소득보장' 등 복지제도와는 차원을 달리하는 것이다. 농민들의 생활 안정성을 높이고 시장 구매력을 증대시키려는 게 목적이다. 따라서 여타의 소득 수준과는 상관없이 모든 농민에

농민에게 기본소득을

게 일정액을 월급처럼 지급하는 것이다.

이 개념은 영국의 경제학자 클리포드 더글러스<sup>Clifford Hugh</sup> <sup>Douglas</sup>의 '사회신용<sup>Social Credit</sup>' 이론에서 비롯된다. 그의 사회신용론은 '화폐는 상품이 아니라 분배의 수단이 되어야 한다'는 철학에 기초한다. 또 '농민 기본소득 보장제'의 당위성은 농업의 다원적 가치가 사회적으로 존중되어야 한다는 점에 있다. 농민들의 친환경적, 생태적 농사 행위 자체가 사회 공익 행위로서 인정받고 대접받아야 하는 것이다. 덧붙여 '농민 기본소득 보장제'는 도농 간은 물론, 농농 간의 양극화에 따른 소득 불균형 해소를 당면 목표로 하는 농정 실패, 시장경제 실패의 대안이기도 하다.

구체적으로 2016년 총선 당시 전국농민회총연맹, 가톨릭 농민회 등 4개 농민 단체가 모인 '농민의길'에서는 농민 수당 신설을 핵심 총선 공약으로 채택할 것을 각 정당에 요구하기도 했다. "국민 밥상을 지켜내려면 농민을 살리는 게 먼저"라며 "농민의 절대다수인 중소 농가가 최소한의 삶을 영위하도록 농가에 매달 20만 원씩 지급하는 '생태농촌 보전을 위한 농민수당'을 신설하라"고 촉구했다.

이른바 '국가 단위 공익농민 기본소득제'의 실행 요건은 역시 복잡하지 않다. '모든 농민'에게 매월 일정한 금액의 월급을 지급하는 방식이다. 가령 농민 1인당 매월 50만 원씩 지급한다면, 농민 300만 명 기준으로 연간 18조 원 정도의 재원이 필요하다. 현재 농림·수산·식품 분야의 정부 예산과 유사한 규모다. 이때, 기본소득 지급 대상자를 선정하는 데 있어 현행 '농민(농업인)'의 기준을 그대로 적용할 것인지는 논의할 필요가 있다. 이른바 '공익농민(또는 공익농업경영체)'의 정의와 기준을 따로, 엄격하게 신설할 것인지 검토해야 한다. 이른바 '취미 농민', '위장 농민' 등 일부 농민들의 '도덕적 해이'를 염려한 논란과 이견이 얼마든지 있을 수 있기 때문이다. 추후 이해관계자 사이에 별도의 논의와 연구가 선행될 필요가 있는 부분이다.

## ■ 농민에게 월급을 주자

결국 새로운 쌀 목표 가격은 18만 8000원으로 결정됐다. 이명박 정부의 농업선진화 방안 이후 본격화된 '개방농정' 기조와 '살농정책' 전략이 함축된 목표치다. 농업을 희생양으로 삼겠다는 농정의 고삐를 더 틀어쥐려는 강력한 신호다.

이대로면 올해도 수확기 산지 쌀값이 17만 6062원 이상이면 변동직불금은 단 한 푼도 지급되지 않는다. 지난 2012년, 2013년과 마찬가지로 변동직불금 예산은 전액 불용 처리될 가능성이 매우 높다. 농정 당국은 수확기 산지 쌀값을 17만3000~17만 4000원 선에서 책정할 예정이다. 정부가 농민을 상대로 또 한 번 기만적인 허수 숫자놀음을 저지른 셈이다. 물론 목표가격 인상이 만사는 아니다. 설사 농민들의 요구대로 물가 인상과 생산비가 반영된 합리적인 쌀 목표 가격이 결정된다 한들 농업의 구조적 난제는 풀리지 않는다. 농민들의 만성적인 민생고도 그 정도로는 해결되지 않는다. 오늘날 우리 농업과 농민은 밖으로는, 무차별적인 자유무역협정으로 쓰나미 같은 직격탄을 맞고 휘청거리고 있다. 안으로는, 늙고 병든 농민들은 이명박 정부의 '농업선진화 방안', 박근혜 정부의 '창조농업'에서 겁박하는 농업생산력과 부가가치 제고, 국제경쟁력 창출은 고사하고, 제 가계와 가족 하나 가누고 보듬을 힘조차 없다.

정글 같은 오늘날의 자유무역시대에 맞서 싸울 상대는 무지막지하게도 5대 곡물 메이저를 비롯한 초국적 자본이다. 평균 농지 1.5ha, 농업소득 800만 원의 우리 중소농들의 처지로 이들에 맞서 식량 주권을 지켜낼 승산은 전무하다.

그렇다고 농업은 포기할 수 있는 게 아니다. 국가의 기간산업이고 생명산업이기 때문이다. 휴대전화와 자동차를 조리해서 먹고살 수는 없기 때문이다. 설사 휴대전화와 자동차를 아무리 많이 내다팔아도 곡물 메이저가, 초국적 자본이, 세계열강이 쌀과 밀가루를 내주지 않는다면 바꿔 먹을 수 없기 때문이다.

그래서 농업은 국가 기간산업으로서 제자리를 찾아야 한다. 교통, 에너지, 보건의료, 교육, 주택 등처럼 국가 경제의 사활에 영향을 끼치는 산업이 농업이다. 따라서 농지, 생산기반시설, 농기업 등 농업 인프라를 국유화·공유화할 이유는 충분하다. 오로지 기업농이든, 중소농이든 무한 경쟁의 민간시장에 농업의 운명을 떠맡기는 건 무책임하고 위험하다는 경고와 교훈도 이미 주변에

넘친다.

국가 기간산업 농업을 살리자면 당연히 국가와 정부가 나서야 한다. 일찍이 농민 단체와 진보 정당에서는 국가의 식량 주권을 지키는 농업과 농민들에게 정당한 보상을 해야 한다고 주장했다. 농업을 공공 산업으로 법제화할 것을 끊임없이 요구했다. 가령 '국가 기간산업인 농업에 복무하며 식량 주권을 지키는 농민에 대해 준공무원 대우를 하고 월급여를 지급하는 일종의 국가 책임 공익농민제도'를 도입하자고 제안했다.

이를 통해 농업과 농민의 사회적 지위 향상, 신규 농업 인력 유입, 소득 안정 등의 정책적 효과를 거둘 수 있다는 논리다. 무엇보다 농업의 생태적이고 공동체적인 다원적 가치는 사회 공익 행위로서 존중되고 대접받아야 마땅하다는 것이다.

최근 스위스에서는 모든 성인에게 기본소득을 보장하자는 '기본소득제' 국민 발의 법안이 의회에 제출됐다. 취업 여부나 소득 수준 등에 관계없이 전 국민에게 최소한의 생활이 가능한 수준의 기본소득을 국가가 지급하자는 것이다.

우리도 이른바 '공익농민 기본소득제'를 공론의 장에서 더불어 토론하고 검토할 필요가 있다. 실천의 선행조건으로 국가 기간산업으로서 농업의 공익적 다원 기능 법제화, 식량자급률 법제화, 농지 공개념화 등이 더불어 거론되어야 한다.

—정기석(2014. 1. 6), <한겨레>

농민에게 기본소득을

## 기본소득을 농가 단위로 주면 어떨까

만일 농민 기본소득을 농민 개인마다 지급하지 않고 농가 단위로 지급하면 어떨까. 농정에 농업직불금 제도를 처음 도입한 김성훈 전 농림부장관이 농가 단위 농민 기본소득제를 주장하는 대표적 기본소득론자이다. 우리나라 농업 통계, 특히 농가소득 등은 대부분 농가 단위로 산출되고 있기 때문에 농가 단위 기본소득제 실시가 합리적이고 효과적이라는 논리다. 무엇보다 면적 단위 지급 방식으로 인한 양극화 현상을 해소하는 정책 효과도 거둘 수 있음은 물론이다.

그의 제안대로 2016년 말 기준 전체 농가 106만 가구에 가구당 월 50만 원의 기본소득을 지급하면 총 6조 3600억 원의 예산이 필요하다. 이는 농림 수산 식품 분야 예산의 절반이 채 되지 않는 수준이다. 김 전 장관은 농민 기본소득의 재원으로 기존 농업직불금 제도를 개선하자며, 구체적인 방법으로 기존의 친환경농업 직불금만 유지하고 나머지는 농가 단위 기본소득제로 통합하자고 제안하고 있다.

## 농민 아닌 농촌 주민은 받을 자격이 없나

충남연구원에서 주장하는 농민 기본소득제는 '농촌 주민 기본소득제'이다. 심각한 인구 과소화, 인구절벽, 지역 소멸로 내몰리고 있는 농촌공동체를 재생, 보전하려면 농사짓는 농민 말고도 다양한 농촌 주민들이 농촌을 지키며 모여 살 수 있도록 기본소득을 지원해야 한다는 논리다. 그러므로 소멸의 위험이 있는 마을 혹은 면 단위 지역 대상의 '농촌 주민 기본소득제'를 실시하자는 제안이다.

충남연구원에서 구체적으로 제안하는 방법은, 인구 과소화로 지역 소멸이 우려되는 한계 지역(면 단위)을 선정, 개별 주민에게 매월 20만 원을 지급하는 시범 사업을 우선 실시하자는 것이다. 충남연구원에 따르면 1개 면의 인구를 대략 2500명으로 추정했을 때 연간 농촌 주민 기본소득으로 60억 원이면 된다. 이 같은 마을 단위 기본소득은 이미 인도 농촌 지역 마디아프라데시Madhya Pradesh의 실험을 참고한 것이다. 기본소득지구네트워크BIEN, Basic Income Earth Network의 공동 설립자이기도 한 영국의 가이 스탠딩Guy Standing 교수는 유니세프UNICEF의 기금을 받아 마디아프라데시 지역의 8개 농촌 마을(대조군 12개 마을)을 대상으로 18개월 동안(2010~2011년) 기본소득을 지급하는 일종의 실험을 진행했다. 그 결과 주택과 위생 시설, 영양 상태와 식습관, 건강과 의료 서비스, 장애인에 대한 영향, 교육, 경제 활동 등 거의 모든 조사 항목에서 긍정적 효과를 보였다.


## '경작수당'은 또 어떤가

정의당 최철원 전 정책위원은 '경작수당'이라는 농민 기본소득, 또는 농민 수당을 지급 방식으로 제안한다. "일정 규모 (약 0.2ha) 이상의 농지를 경작하는 농민을 대상으로 연령에 관계없이 지급하자"는 주장이다. 0.2ha를 하한선으로 1~5ha까지 경작 규모에 따라 매월 20~50만 원까지 차등 지급하면 농가소득 양극화도 해소할 수 있다는 것이다.

이렇게 하면 전체 농민의 80%인 150만 명 정도가 수혜 대상에 포함되는데, 대상에서 제외되는 나머지 20%의 농민들, 즉 0.2ha 미만의 영세농들은 기초수급 등 복지정책을, 5ha 이상의 대농들은 농업재해보험 등 손실보전 정책을 병행해야 한다는 것이다.

## 농민의 숙원을 현실의 법제화로

현행 병역 제도에는 국가 산업의 육성·발전과 경쟁력 제고를 위하여 현역병으로 복무하는 대신 의무 복무 기간 동안 공업·광업·에너지 산업 등 자신의 해당 분야에 종사하는 산업기능요원 제도가 있다. 후계 농어업인 등도 산업기능요원으로 편입되어 군복무로 인한 영농營農·영어營漁 공백 없이 농어업 기반을 유지함으로써 농어업 발전에 큰 기여를 할 수 있다. 그런데, 농업은 식량 주권과 국가 안보를 지키는 국가 기간산업이고, 농업에 종사하는 젊고 우수한 인력은 '농군'이라 할 수 있지 않겠는가. 그렇다면, 국가 기간산업에 복무하는 이들을 이른바 '청년 공익영농요원'으로 선발, 지원할 수 있는 법을 제정함으로써 농업과 농촌의 지속가능한 발전을 꾀하는 것에는 명분도 실익도 충분하다.

가칭 '청년 공익영농요원 선발 및 지원에 관한 법률안'의 골자는 다음과 같다. 농림부장관은 병무청장 등과 협의하여 매년 공익영농요원의 필요 인원을 미리 정한다. 또 농림부장관은 공익영농요원의 근무 지역 또는 근무 업체를 정하여 공익영농 업무에 종사할 것을 명령하고, 시·도지사, 시장·군수·구청장, 근무 업체의 장은 공익영농요원에 대하여 공익영농 업무 수행에 필요한 직무 교육을 실시한다. 공익영농요원의 의무 복무 기간은 5년으로 한다. 단, 당사자 간 합의로 연장할 수 있다. 공익영농요원은 복무 기간 중 매월 150만 원의 급여를 지급받는다. 단, 당사자 간 합의로 증액 또는 인상할 수 있다.


**'영세농 · 고령농 기초생활 연금제'에 관한 법률안**


가칭 '영세농 · 고령농 기초생활 연금 지원에 관한 법률안'은 식량 주권과 국가 안보를 지키는 국가 기간산업인 농업에 종사하는 농민의 기초생활 보장을 지원하기 위해 안정적인 공적 연금제도를 마련하려는 취지다. '하위 소득 30%의 소득 기반이 취약한 영세농, 또는 65세 이상의 고령농'에게 일종의 '농민 연금'인 '기초생활 연금'을 지급함으로써 농민의 빈곤 문제, 노동력 상실 불안 문제 등을 해소하고 농민의 생활 안정과 복지 증진에 기여하려는 목적이다.

영세농 연금 지급 대상은 농민으로서 소득과 재산을 환산한 소득 인정액이 보건복지부장관이 정하여 고시하는 금액 이하인 사람으로 하되, 기초연금을 받는 사람이 전체 농민 가운데 100분의 30 수준이 되도록 한다. 고령농 연금 지급 대상은 농민으로서 만 65세에 달한 자이다. 재원의 조성 및 부담은 국가 및 지방자치단체가 책임지는데, 농민의 생활 안정을 지원하고 복지를 증진하는 데 필요한 수준의 별도의 기초연금 재원을 조성한다. 매월 기준 연금액은 50만 원으로 한다. 다만, 농림부장관은 5년마다 연금 수급권자의 생활 수준 및 그동안의 전국 소비자물가 상승률 등을 고려하여 기초 연금액의 적정성을 평가하고, 농민 빈곤 실태 조사 및 장기적인 재정 소요에 대한 전망을 세우도록 하며, 연금액의 적정성 평가 결과를 반영하여 기준 연금액을 조정하도록 한다.

### '공익농민 기본소득제'에 관한 법률안

가칭 '공익농민 기본소득 지원에 관한 법률안'은 본격적인 법률안이다. 식량 주권과 국가 안보를 지키는 국가 기간산업인 농업에 종사하는 농민의 기초생활 보장을 지원하기 위해 안정적인 농가소득 보전제도를 마련하려는 취지다. '모든 농민'에게 일종의 '기본소득'인 '공익농민 기본소득'을 지급함으로써 농민의 빈곤 문제를 해소하고 농민의 생활 안정과 복지 증진에 기여하려는 목적이다.

기본소득의 지급 대상은 '모든 농민' 또는 '농가인구'를 대상으로 한다. 통계청의 조사 발표에 따르면, 2016년 말 현재 농가

농민에게 기본소득을

인구는 249만 명 수준으로 매년 감소 추세이다. 재원의 조성 및 부담을 지는 국가 및 지방자치단체는 농민의 생활 안정을 지원하고 복지를 증진하는 데 필요한 수준의 별도의 '기본소득' 재원을 조성해야 한다. 연금액이자 기준 기본소득액은 매월 50만 원으로 한다. 다만, 농림부장관은 5년마다 전국 소비자물가 상승률 등을 고려하여 기본소득 금액의 적정성을 평가하고, 농민 빈곤 실태 조사와 장기적인 재정 소요에 대한 전망을 하도록 하며, 기본소득액의 적정성 평가 결과를 반영하여 기본소득 금액을 조정하도록 한다.

# 9

# 돈이 없다는 거짓말은 이제 그만!

## 재원 조달은 얼마든지 할 수 있다

1994년 3월 '농어촌특별세법'이 제정되었다. 우루과이라 운드 협상의 타결에 따른 후속 대책의 일환으로 추진되는 '농어업의 경쟁력 강화와 농어촌산업 기반시설의 확충 및 농어촌지역 개발사업에 필요한 재원을 조달'(법 제1조)하기 위한 목적세로 신설된 것이다. 이후 미국, 유럽연합과의 FTA 발효 등 지속적 시장 개방에 따른 농업·농촌 분야의 투자 재원 마련을 위해 2024년까지 추가로 연장했다. 이에 대해 한국농촌경제연구원은 "정부가 추가 연장을 한 것은 세출 측면에서 일반회계 예산과 유사하게 운영돼 목적세로서의 부담감이 줄었고, '무역이득공유제' 등 농업 부문 추가 재원 지원 논의를 사전에 차단하기 위한 조치였다"고 판단하고 있다.

농어촌특별세의 납세의무자는 소득세 등의 조세 감면을 받는 자, 과세표준 금액이 5억 원을 초과하는 법인, 증권거래세·취득세·종합부동산세 및 레저세의 납세의무자 등이다. 농어민 또는 농어민을 구성원으로 하는 단체에 대한 감면, 중소 제조업에 대한 특별 세액 감면, 서민 주택 및 농가 주택에 대한 취득세의 감면 등에 대하여는 농어촌특별세를 부과하지 않는다.

그런데 실제로 운용하는 데 문제점이 있다는 지적이 적지 않다. 2014년 한국농촌경제연구원에서 발표한 '농어촌특별세 운용 실태와 정책과제' 연구보고서에 따르면, 농특세가 농림어업 분야 총지출에서 차지하는 비중이 18.4%(2조 6000억 원)에서 2010년 23.7%(4조 1000억 원), 2012년 30.4%(5조 5000억 원)로 높아지고 있다. 그런데 농특세가 별도의 사업 분야가 정해져 있지 않고 전체 농어촌 투융자 사업 재원 중 일부로 운영됨에 따라 재정 전문가로부터 목적세로 한계가 있다는 지적을 받고 있다는 것이다.

특히, 농특세의 경우 세입원이 다양하고, 세입원 자체가 경기 변동에 영향을 받으며, 기존 조세에 부가되는 부가세이므로 세수 변동이 크다는 분석이다. 즉, 증권거래세, 종합부동산세, 취득세 등 비중이 높은 세입원들의 변동성이 높아 경기 침체 등에 따른 농특세 세수 증감률 변화가 크다는 것이다. 이에 따라 농특세의 경우 예산액 대비 세수 부족에 따른 사업 이월이 연례적으로 반복되고 있어 농식품 재정 사업의 원활한 추진에 한계가 있다는 지적이다. 농특세 예산액과 세수를 비교하면 2009년 1731억 원, 2010년 2012억 원, 2012년 1조 6826억 원, 2013년 9735억 원이 부족했다. 2015년에는 농특세 부족으로 이월된 농식품부의 사업 예산만 1조 3784억 원에 달할 정도였다.

따라서, 농어촌특별세의 안정적 세원 관리는 농정 예산 확대 방안의 최우선 과제로 지적된다. 1994년 농어촌특별세가 신설된 이후 농어촌특별세의 미수납액은 지속적으로 증가하는 반면, 주식거래 대금과 법인세 감소 등으로 세입원은 감소하고 있기 때문이다. 그럼에도, 농특세가 농식품 관련 재정에서 차지하는 비중은 지난 1995년 19.7%에서 2010년 23.7%(17조 3000억 원, 4조 1000억 원), 2012년 30.4% (18조 1000억 원, 5조 5000억 원) 등으로 확대됐다.

한국농촌경제연구원의 박준기 연구위원 등은 "농특세는 세입원이 다양하고 경제 여건에 따라 변동이 커 예산 대비 세수 부족 현상이 반복된다. 변동성이 큰 세입원을 최소화하고 세입원도 단순화해야 한다. 변동성이 큰 세입원의 의존도는

농민에게 기본소득을

낮추고, 조세 거부감이 낮은 간접세 비중은 높이는 방식으로 세입원을 단순화하는 방안을 검토해야 한다. 예를 들어 종합부동산세와 취득세의 세율을 하향 조정하고, 증권거래세의 세율을 상향 조정하는 방안 등을 모색해야 한다. 최근 취득세율 인하로 농특세 세입원의 변동성이 더 커지고 세입규모도 상향 조정될 수 있다. 지방세인 담배소비세에 농특세를 부과하는 방안도 고려할 필요가 있다"고 제안한 바 있다.

아울러 농식품 정책사업군 재설정과 농특세 사업 범위를 명확히 하는 것도 필요하다고 제안한다. 앞에서도 언급한 바 농특세 도입 및 운용 목적은 '농어업의 경쟁력 강화와 농어촌 산업 기반시설의 확충 및 농어촌지역 개발사업을 위해 필요한 재원을 확보함을 목적으로 한다'고 법에 명시돼 있다. 농특세 도입 목적이 농식품 재정사업 전반의 내용을 포함하고 있는데, 세입 측면에서는 타당성을 갖지만 세출 측면에서는 모호하다는 것이다. 따라서 농식품 재정의 정책 사업을 '농업경쟁력 제고', '농업인 복지 증진', '농촌 개발' 등으로 구분하고, 농특세 목적에 맞는 정책에 집중하는 방안 모색이 필요하다는 주장이다. 즉, 일반회계 재원사업은 농업 경쟁력 사업에 집중하고, 농특세는 농업·농촌의 복지 증진과 농촌 주민의 행복도를 높일 수 있는 사업에 집중할 필요가 있다는 것이다.

특히 농특세 사업 예산과 세수 간의 일치성을 확보하기 위해 총괄 관리는 기획재정부가 담당하되, 사업 추진 및 관리는 농림부 주관으로 조정·관리하는 기능을 강화할 필요가 있다고 분석했다. 이번 기회에 '공익농민 기본소득'의 유력한 재원으로 농특세를 활용하는 방안에 대한 전향적 연구가 요구된다.


## '사회복지세'로 농촌 사회복지를

2013년, 정의당의 박원석 전 국회의원은 조세 정의·복지 확대를 위한 '사회복지세법'을 발의했다. "양극화 심화에 따른 소득 불균형 해소와 국민들의 삶의 질에 대한 욕구 증대 등의 현실 문제에 따라 복지가 시대적 과제로 대두되고 있다. 하지만 우리나라가 명실상부한 복지국가로 나아가기 위해서는 많은 현실적 과제들을 해결해야 하는데, 특히 낮은 조세부담률, 경제협력개발기구OECD 꼴찌 수준의 복지 지출 비중 등 복지 확대에 필요한 재정적 뒷받침이 절대적으로 필요한 상황"이라는 게 법안 발의의 배경이다. "이에 '사회복지세법'을 제정하여 복지사업에 필요한 안정적인 재원을 조달하여 양극화해소와 보편적 복지 확대에 기여하고, 특히 그 재원을 지자체에 교부함으로써 지방 재정 안정도 도모하려는 것"을 제안 이유로 덧붙이고 있다.

주요 내용은 "조세 형평성 제고와 사회복지 사업에 필요한 재원을 확보하기 위하여 소득세, 법인세, 상속세 및 증여세, 종합부동산세에 대하여 사회복지세를 부가한다. 납세의무자는 소득세, 법인세, 상속세 및 증여세 또는 종합부동산세의 납세의무가 있는 개인 또는 법인으로 한다. 도입 초기인 2016년까지의 세율은 소득세할 사회복지세는 소득세액 1000만 원을 초과하는 금액에 대해 20%, 법인세할 사회복지세는 법인세액 100억 원을 초과하는 금액에 대해 20%로 하고, 상속세 및 증여세할과 종합부동산 세할의 세율은 상속 세액 및 증여세액의 20%, 종합부동산 세액의 20%를 각각 그 세율로 한다. 2017년부터의 세율은 소득세할 사회복지세는 소득세액 1000만 원 이하는 10%, 1000만 원 초과는 20%, 법인세할 사회복지세는 법인세액 100억 원 이하는 10%, 100억 원 초과는 20%로 하고, 상속세 및 증여세할과 종합부동산 세할의 세율은 상속세액 및 증여세액의 20%, 종합부동산 세액의 20%를 각각 그 세율로 한다"는 것이다.

사회복지세의 의의는 소득세, 법인세, 상속증여세, 종합부동산세 납세의무자로 하여금 해당 납세액의 15~30%를 부과하도록 하는 부과세surtax 방식의 '사회복지 목적세'를 신설하고, 사회복지세 재원은 오로지 복지 확충을 위한 재원으로만 사용하도록 하는 것이다. 박원석 전 의원의 사회복지세안은 30%와 20%는 지방교부세와 지방교육재정 교부금에 사회복지 교부세와 교육복지 교부금을 신설하는 방법으로 지자체와 시도교육청으로 지원하여 지자체의 복지 재원 및 학생 복지 재원으로 사용하도록 한다. 나머지 50%는 중앙정부로 하여금 아동 수당 신설, 국공립 보육시설 확대나 저소득층 및 실업자 지원 확대를 위한 재원으로 활용하도록 한다. 사회적으로 복지 사각지대에 놓인 저소득층의 표본이라 할 수 있는 농민에 대한 기본소득 지원 재원으로도 활용할 수 있는 조항을 특별히 병기할 필요가 있다.

그런데 이처럼 일부의 조세 저항 우려마저 잠복한 '사회복지세'가 지금, 우리 사회에서 반드시 필요한가. 대답은 주저없이 '당연히 그렇다'이다. 현재 한국은 경제적 양극화가 확대되고 저출산, 고령화 등 사회적 문제가 심각한 지경이다. 저소득층, 장애인, 노인, 청년, 실업자 등 사회적 약자에 대한 사회복

| 1인당 1만 불 소득 시점의 사회복지비 비교 | | | | | |
|---|---|---|---|---|---|
| | 한국 | 일본 | 미국 | 영국 | 스웨덴 |
| 연도 | 1997 | 1984 | 1978 | 1987 | 1977 |
| GDP대비(%) | 4.8(6.8) | 10.42 | 13.62 | 20.53 | 24.49 |

※ 〈한국의 사회보장비 추계 : 1990~1997〉, 보건복지부 · 한국보건사회연구원

지비 등 사회안전망은 부족하거나 부실하다. 이른바 선진국들과 '1인당 1만 불 소득 시점의 사회복지비'를 비교해보면 한국의 사회복지 수준이 얼마나 열악한지 금방 알 수 있다. 국내총생산$^{GDP}$ 대비 스웨덴 24.49%, 영국 20.53%, 미국과 일본도 10%가 넘는다. 그러나 한국은 4.8%에 불과하다. 특히 농민복지, 농가소득 안정 등 사회안전망을 구축하기 위한 안정되고 예측 가능한 예산을 조성하려면, '사회복지세'를 통한 사회복지비 재원의 발굴 및 개발이 우선되어야 한다.

## 사회복지세를 도입하는 방법

2012년 박원석의원실은 '조세 정의·복지 확대를 위한 사회복지세 도입 방안'을 통해 사회복지세 도입 방안을 구체적으로 제시했다. 출산, 보육, 교육, 고용, 실업, 노후 생활에 이르기까지 농민을 비롯한 다수 국민을 대상으로 보편적 복지는 시대의 요구다. 다만 그에 상응하는 재정적 뒷받침이 수반되어야 하는 게 문제다. 재정 뒷받침이 없는 모든 복지 정책이나 제도는 허구다. 반드시 실패한다. 또 사회 양극화와 소득 불평등을 개선하기 위해서 납세자들의 세금 부담 능력에 합당한 세금을 부과하는 건 합리적 명분도 충분하다. 목적도 사회복지 재원으로서 정당하다.

　사회복지세의 납세의무자는 소득세, 법인세, 상속증여세, 종합부동산세 납세의무자다. 다만 퇴직소득에 대해서는 사회복지세를 부과하지 않는다. 과세표준은 소득세 납부액, 법인세 납부액, 상속증여세 납부액, 종합부동산세 납부액 등으로 다른 세금 납부액의 일정 비율을 추가로 부과하는 일종의 부가세surtax 방식이다. 예상 세수는 연간 15조 원 내외로 예측된다. 대부분 소득세할과 법인세할 사회복지세로 구성된다.

| 사회복지세 과세 대상 및 세율 | | |
|---|---|---|
| 구분 | 과세표준=납부세액 | 세율 |
| 소득세할 | 400만 원 이하 | 0% |
| | 400~1000만 원 | 15% |
| | 1000만 원 초과 | 30% |
| 법인세할 | 5억 원 이하 | 0% |
| | 5~100억 원 | 15% |
| | 100억 원 초과 | 30% |
| 상속증여세할 | 금액에 관계없이 | 30% |
| 종합부동산세할 | 금액에 관계없이 | 30% |

　방법은 현 지방교부세에 사회복지세의 30%(매년 4조 5000억 원 내외)를 재원으로 하는 '사회복지교부세'를 신설한다. 광역과 기초 지자체 전부 교부 대상으로 하고, 교부 기준은 인

구 등 지자체 복지 수요와 지자체 재정 여건을 적절히 함께 반영한다. 또 사회복지세의 20%(매년 3조 원 내외)를 재원으로 현 '지방교육재정교부금'에 '교육복지 교부금'을 신설한다. 초중등학교 급식에서 보호자가 부담하여야 할 경비의 지원(무상급식 비용) 등을 포함, 학생 교육복지를 확대·강화하기 위한 재원이다.

중앙정부 복지 재원도 확충한다. 사회복지세 중 지자체와 시도교육청으로 교부되는 50%를 제외한 나머지 50%에 대해서 중앙정부 복지 예산으로 활용한다. 이를 재원으로 출산 및 아동수당 신설, 국공립 보육시설 확대 등 공공보육 체계를 구현한다. 또 실업수당 도입 및 고용보험의 보장성 강화 및 비정규직의 정규직 전환과 같은 고용 및 실업 대책도 강화할 수 있다. 기초연금, 기초생활급여 인상, 장애인 수당 도입과 같은 저소득층, 사회적 약자에 대한 지원도 포함된다.

덧붙여, 기존의 사회복지세 조성 및 사용 구조를 참조해, 사회복지의 사각지대에 놓인 대표적인 복지 소외 집단인 '농민'들을 특정 대상으로 하는 이른바 '농민 사회복지세'를 따로 걷는 방법도 더불어 고민하자. '농민 기본소득'의 유력한 재원으로 활용할 수 있다.

## '자유무역협정(FTA) 무역 이득'을 공유하자

농민들은 한·미FTA, 한·중FTA 등 FTA 확대에 따른 국내 농업 피해 보전을 위한 '무역이득공유제' 도입을 요구하고 있다. 농민들이 바라는 대로 무역이득공유제를 통한 기금이 조성되면 농민 기본소득 재원으로 요긴하게 활용할 수 있을 것이다. 특히 무역이득공유제를 통해 확보된 재원은 기획재정부가 조율하는 전체 예산 범위에서 제외시켜 농림부가 집행하는 기금 형태로 관리한다면 더욱 효과적으로 사용할 수 있다.

도입 방안은 기존의 '자유무역협정 체결에 따른 농업인 등의 지원에 관한 특별법'을 개정해 '무역 이득 공유 방안'을 추가하면 된다. FTA로 해당 산업별 순이익을 조사·분석하여 순이익이 발생한 산업별로 일정 부분을 환수해 농어업인 등을 지원할 수 있는 대책을 수립하자는 법안 개정 취지는 충분히 타당하다. 인천대 이명헌 교수는 "국회에서 제기된 쟁점은 무역 이득에 대한 부담 부과가 헌법과 합치하는가 하는 것과 환수 대상 산업, 이익의 결정, 환수 대상자 결정 등 기술적 문제"라고 지적했다. 또 경제적 측면의 쟁점도 고려해야 한다면서 "헌법적 원칙에서 무역이득공유제의 자유시장 원칙 배치와 재산권의 과도한 제한에 대한 것이다. 아울러 환수 대상 단위나 과세표준(부과 대상) 문제, 지원 대상의 특정은 물론 경제적 측면에서 목적세(부담금)의 경제적 합리성과 환율 변동 등 세수의 불안정성 문제 등을 검토해야 한다"고 주장했다. 아울러 이 교수는 "동반성장 투자 재원 방식처럼 기업의 자발적 농업 지원기금 창설을 비롯해 농업 재정의 구속력 있는 중기 재정 계획, 유럽연합의 공동 재정처럼 관세액의 일정 비율을 전입하는 식으로 특별회계로의 일반세 신규 전입 재원 확보, 현행 농특세의 세원 정비 및 신규 목적세 도입 방안"을 대안으로 제시했다.

한국농업경영인중앙연합회는 무역이득공유제와 관련해 "FTA 무역 이득 공유를 위한 농어촌 부흥기금 마련과 농업인 단체와 수출기업 간 상생 프로그램 마련 및 관세 수입의 농어가 소득 안정화 기금 전환 방안"을 제안하고 있다. 농어촌부흥기금은 수출 산업에 목적세를 부과하거나 법인세 1%를 기금으로 적립해 FTA 피해 산업인 농어업에 대한 지원책을 마련하는 것이다. 관세 수입의 농가소득 안정화 기금 전환은 농축산물 수입관세 중 50%를 해당 품목에 대한 가격 안정화 기금으로 전입시켜 농축산 분야 경쟁력 제고에 안정적으로 사용될 수 있는 재원으로 목적세화하는 방안이다.

이 같은 학계와 농민 단체의 의견에 대해 정부 관계자는 "FTA로 인한 수혜 분야와 피해 분야의 미스매치(불일치)를 부각시켜 협상의 균형점을 찾도록 사회적으로 환기시키는 측면에서 무역이득공유제 제기는 의미가 있다. 법인세, 부가세, 수출세 등을 통해 재원을 확보해도 기재부가 전체 예산 범위에서 항목을 조정하는 만큼 농업 분야만의 예산 확보가 어렵다. 현재 연간 1조 원 규모의 대·중소기업 활성화를 위한 동반 성장 기금에서 농업 분야 기금을 마련해 농업 분야에만 사용토록 조세특례제한법을 개정하는 방안이 필요하다"는 다소 소극적 의견이다.

녹색당 전희식 전 농업먹거리특위 위원장은 '농업 파괴 무역 부당 이득금 환수제'를 제안하고 있다. '무역이득공유제'라는 말부터 '농업 파괴 무역 부당 이득금 환수제'로 바꾸자는 공격적 입장이다. "수혜와 피해의 주체가 명확해야 하고 정책 시행의 목적성이 드러나야 한다고 보기 때문이라는 게 이유다. '무역이득공유제'는 얼핏 듣기에 농민들이 남의 밥상에 숟가락 올리려는 것처럼 보인다는 것이다. 농민들도 수출해서 번 돈은 '무역이득금'이 되니 말이다"라는 주장이다. 그는 약칭 '자유무역협정 농업인 지원법'에서도 14조에 있는 '기금의 조성' 책임 주체에 '농업 파괴 무역 이득 산업'을 넣어야 한다고 촉구한다. "현재는 정부출연금과 그 외의 기부금 등으로 기금을 만든다고 되어 있는데 부당한 이득은 농업 파괴 무역산업에서 얻는데 책임은 국민 세금으로 한다는 게 말이 되지 않는다"는 논리다.

나아가 농자재와 농기계 산업에도 '이익공유제'를 하자고
제안한다. "농업 생산에서 날로 비중이 커지는 것이 농자재와
농기계다. 노동력과 날씨보다 농자재와 농기계의 몫이 해마
다 커져가고 있다. 이 얘기는 이들 산업은 농업 덕에 돈을 번
다는 것이다. 농업에 쏟아지는 예산의 상당액이 이들 산업으
로 흘러 들어간다. 흉년이 들어 농가가 망하건, 풍년이 들어
농산물 값이 폭락하건 이들 업체들은 농협을 통해 자기 물건
값을 돈으로 다 받는다. 농민 덕에 먹고사는 업체가 농민이 망
해도 끄떡없다는 것은 매우 부도덕한 일이다. 부정의다"라고
지적한다. 아울러 농업 관련 공무원과 농업 관련 연구소에도
이익공유제를 하자고 한다. "농민들은 망하는데 농협 망했다
는 소식 들은 적 없고, 농업진흥청이나 농업기술센터 공무원
월급이 체불되고 있다는 소리 들어보지 못했다"고 비판한다.

국외입법조사처의 조사 결과에 따르면 "한미FTA의 산업별
효과에서 협정 발효 후 15년간 제조업은 연평균 8조7691억 원
생산이 증가하는 반면, 농업은 연평균 8150억 원, 수산업은 연
평균 295억 원의 생산이 각각 감소될 것으로 추정"하고 있다.
따라서 법안 개정으로 순이익 환수제도를 도입할 경우, FTA에
따른 이익을 농어업 등 피해 산업이 공유할 수 있게 되므로 FTA
추진에 따른 산업간 불균형이 완화되는 효과가 기대된다. 또

정부출연금 및 한국마사회납입금 외에 수입 재원을 확보하지 못하고 있는 자유무역협정 이행 지원기금 및 축산 발전기금의 재원을 획기적으로 확충할 수 있을 것이다.

농민에게 기본소득을

# ■ 참고문헌

· 가라타니 고진(2006),『세계공화국으로』, 조영일 옮김, 도서출판b, 2007.

· 강남훈 외,『기본소득운동의 세계적 현황과 전망』, 박종철출판사, 2014.

· 김윤종,『농가소득 안정정책』, 한국농촌경제연구원, 2013.

· 김원태 외,『기본소득의 쟁점과 대안사회』, 박종철출판사, 2014.

· 바티스트 밀롱도(2012),『조건 없이 기본소득』, 권효정 옮김, 바다출판사, 2014.

· 정기석,『마을시민으로 사는 법』, 소나무, 2011.

· 정기석,『마을을 먹여 살리는 마을기업』, 이매진, 2011.

· 정기석,『농부의 나라 : 협동연대 대안국민농정』, 한티재, 2015.

· 정기석,『농촌마을공동체를 살리는 100가지 방법』, 전북대학교 출판문화원, 2016.

· 정기석,『행복사회 유럽』, 피플파워, 2016.

· 정기석,『귀농의 대전환』, 들녘, 2017.

· 최광은,『모두에게 기본소득을』, 박종철출판사, 2011.


· 강남훈 외,「국민 모두에게 기본소득을!」, 민주노총 정책연구원, 2009.

· 강마야,「농업직불금 제도의 개선 방안」, 충남발전연구원, 2014.

· 금민,「세계의 기본소득 현황과 한국의 실행 과제」, 전국귀농운동본부 귀농정책연구소 제7차 정책포럼, 2017.

· 김성훈,「박근혜 정부의 농정엔 농민이 없다!」,〈프레시안〉, 2013. 4. 24.

· 농촌진흥청,「유럽 소농의 미래」,『월드포커스』제10권, 2011.

· 박경철,「충남형 기본소득제 도입을 위한 정책 제안」,『정책동향분석』제38호, 충남발전연구원, 2014.

· 박경철,「농민 기본소득제 도입 방안」, 한국농촌사회학회 2017년 전기학술대회.

· 박준기 · 김미복,「농어촌특별세 운용 실태와 정책 과제」,『농정포커스』제90호, 한국농촌경제연구원, 2014.

· 생태적 기본소득 포럼 제1차~제4차

　_강남훈,「기본소득 관련 국내외 논의 현황 및 쟁점」, 제1차 생태적 기본소득 포럼, 녹색전환연구소 외, 2013.

　_곽노환,「복지국가와 생태적 기본소득」, 제2차 생태적 기본소득 포럼, 녹색전환연구소 외, 2013.

　　_강수돌, 「노동 패러다임 전환과 생태적 기본소득」, 제3차 생태적 기본소득 포럼, 녹색전환연구소 외, 2014.

　　_윤자영, 「돌봄노동/사회와 기본소득」, 제3차 생태적 기본소득 포럼, 녹색전환연구소 외, 2014.

　　_변현단, 「탈성장과 좋은 삶을 위한 농민 기본소득」, 제4차 생태적 기본소득 포럼, 녹색전환연구소 외, 2014.

· 안효상, 「기본소득운동 다음 행선지는 한국」, 『한겨레21』 제1019호, 2014. 7. 14.

· 이종석, 「복지 재원 확대, 사회복지세로 시작합시다」, 『복지동향』 제180호, 2013. 10.

· 장경호, 「농가의 빈곤화, 지속가능의 최대 위협 요인」, 농업농민정책연구소 녀름, 2014.

· 장상환, 「쌀 관세화와 우리농업 희망찾기」, 농민생활인문학, 2014.

· 전희식, 「농민기본소득제 도입을 위하여」, 〈한국농어민신문〉, 2012. 5. 24.

· 전희식, 「어찌 '농업파괴무역 이득금' 뿐이겠는가」, 〈한국농어민신문〉, 2014. 4. 17.

· 정기석, 「자립형 소농 10만 명을 기르자」, 〈한겨레〉, 2004. 10. 28.

· 정기석, 「박근혜 정부, '농촌복지'도 사라지고 있다」, 〈프레시안〉, 2014. 1. 21.

· 정기석, 「휴대폰을 삶아 먹을 수는 없잖아요」, 〈프레시안〉, 2014. 2. 4.

· 정기석, 「공익농민 월급형 기본소득 실행모델 개발」, 충남발전연구원, 2014.

· 정기석, 「사회적 자본을 활용한 제주지역 농촌공동체 활력화 방안」, 제주연구원, 2015.

· 정기석, 「도농공생 협동조합의 '지역사회공동체 융합플랫폼' 전환모델 개발 : '의성군 활기찬 농촌프로젝트 시범사업' 추진사례 중심」, 한국농촌사회학회, 2018.

· 한호석, 「새로운 공화국은 주요 산업을 국유화해야 한다」, 〈민중의 소리〉, 2012. 1. 26.


· 기본소득한국네트워크(http://www.basicincome.kr)

# 농민에게 기본소득을

초판 1쇄 발행 • 2018년 11월 28일

지은이 • 정기석
펴낸이 • 황규관

펴낸곳 • 도서출판 삶창
출판등록 • 2010년 11월 30일 제2010-000168호
주소 • 04149 서울시 마포구 대흥로 84-6, 302호
전화 • 02-848-3097
팩스 • 02-848-3094

종이 • 대현지류
인쇄제책 • 스크린그래픽